Louis Peisse

Le Salon de 1842

Critique

ISBN : 978-1984255006

10 9 8 7 6 5 4 3 2 1

Louis Peisse

Le Salon de 1842

Critique

Table de Matières

Première Partie   6

Seconde Partie   34

Première Partie

Depuis quelques années, la presse, en installant le salon dans ses colonnes, a l'air d'accomplir à contre-cœur une importune et maussade cérémonie d'étiquette, plutôt que d'inaugurer une joyeuse et brillante solennité. Son premier mot est une déclaration de guerre. Fatiguée et dégoûtée d'avoir à repasser sans cesse par les mêmes chemins, la critique ne déguise plus guère sa mauvaise humeur. Cette année les doléances et les accusations sont à la fois plus amères et plus générales. On est allé jusqu'à demander, au nom de l'intérêt de l'art et sur des considérations historiques tirées de fort loin, que la porte du Louvre fût close à jamais. Une opinion plus modérée voudrait seulement que cette porte s'ouvrît moins souvent, et, sur ce dernier point, le vote est à peu près unanime. Cette opinion ayant pris une certaine consistance et pouvant acquérir de la gravité, il conviendra peut-être d'en chercher l'origine et les motifs.

Il importe d'abord de remarquer que ces plaintes ne viennent ni des artistes ni du public. Pour les artistes, le salon est la publicité même. C'est la presse de l'art ; cette presse doit, comme l'autre, être libre et toujours ouverte. La supprimer ou la trop restreindre, c'est ôter aux œuvres de l'art, si on les considère comme de simples produits échangeables, leur marché, si comme des créations de l'imagination et du goût, leur théâtre. C'est à ces titres que l'institution est chère aux artistes. Un instinct plus sûr que tous les raisonnements les y attache, et les critiques dont elle est l'objet les effraient plus qu'elles ne les persuadent. Pour eux, attaquer le salon, c'est attaquer l'art ; c'est plus encore, c'est les attaquer eux-mêmes. Vraie ou fausse, leur conviction à cet égard n'est pas douteuse, et, quoi qu'on puisse penser sur le fond de la question, toujours est-il que ce n'est pas eux qui se plaignent. On a fait quelque bruit de certaines absences, et on en a tiré un argument contre le salon. On a dû supposer pour cela que ces absences étaient toutes volontaires et préméditées, et on a voulu voir là une petite conspiration. Ce parti pris serait fort dangereux. Dans ce cas-ci, la politique d'isolement serait une bien mauvaise politique. S'isoler, c'est se déclasser de son chef, c'est se faire exception, c'est jouer à l'Achille qui se retire dans sa tente. Un tel rôle ne peut se partager entre plusieurs ; il peut accidentellement échoir à un homme ; deux y sont déjà de trop ; à quatre, à cinq, à six, il serait ridicule. S'isoler en compagnie d'ailleurs, ce n'est pas s'isoler, c'est bouder. Or, on ne boude pas longtemps les grandes puissances, cour ou peuple. Tôt ou tard il faut se rallier, à moins qu'on ne veuille décidément abdiquer, fantaisie philosophique assez rare aujourd'hui. Cette prétendue coalition ne peut donc être attribuée à des hommes sensés. Ce n'est certes pas dans la sphère de l'art qu'on réussira jamais à reconstituer une classe aristocratique. Partout ailleurs ce n'est que difficile, ici ce serait impossible, et, ce qui vaut mieux, ridicule. Les hommes distingués auxquels on a fait allusion doivent donc être provisoirement absous.

Il est facile d'ailleurs d'expliquer, pour la plupart d'entre eux, la disparition dont on a le mauvais goût de les louer. Aucun n'a traité le public avec cette hauteur dédaigneuse. Tous ont en fait exposé, non pas dans les galeries du Louvre, il est vrai, mais sur les murs des monuments décorés de leurs mains. Les ardentes et splendides peintures du *salon royal* à la chambre des députés, par M. Delacroix, la vaste, l'ingénieuse et élégante composition de M. Delaroche à l'école des Beaux-Arts, les batailles dont l'heureuse et facile main de M. H. Vernet a couvert les murs des nouvelles salles de Versailles, justifient suffisamment ces maîtres de n'avoir pas travaillé pour le salon. Ils n'ont ni dédaigné ni fui le public, ni encore moins prétendu faire briller leurs œuvres par leur absence, comme ces images qui manquaient au convoi de Britannicus. Toute modestie à part, ces artistes sont trop gens d'esprit pour faire une si mauvaise spéculation ; ils savent qu'en France et par ce temps-ci il n'y a en général rien à gagner à être absent. Il est donc plus simple de croire et de dire que l'absence de ces talents n'est pas une protestation contre le salon, mais un pur accident.

La retraite obstinée de M. Ingres n'est pas susceptible de la même interprétation, mais elle en a moins besoin. Chercher ici de petits calculs, ce serait insulter. Il y a une sensibilité exaltée semblable à celle de ces timides plantes dont les pudiques feuilles frémissent sous le moindre contact ; pour elles, sentir c'est souffrir, et il n'est pas de main si délicate dont elles ne redoutent l'approche. L'illustre artiste a gardé rancune à la critique. On aurait mieux aimé qu'il eût pardonné. On a tout fait du moins pour obtenir ce pardon. Que manque-t-il désormais à sa gloire ? quel homme vivant dans la carrière des arts à plus reçu de son pays ? La France, mère tendre, quoique capricieuse, accorde beaucoup à ses enfants ; elle n'a rien refusé à celui-ci. Elle l'entoure de caresses, d'hommages, de renommée ; elle a attaché à son front une auréole sans rivale ; et lorsqu'il s'agit de disputer à l'Europe la couronne de l'art, c'est lui qu'elle prend pour premier représentant. Enfin elle en est arrivée à le gâter, et, au lieu de le gronder un peu de ses bouderies, elle consent à l'aller caresser chez lui, puisqu'il ne veut pas venir chez elle. Avec tout cela, un artiste peut encore être malheureux, mais assurément il n'est pas à plaindre.

Sauf cette exception, admissible parce qu'elle est unique, et par cela même aussi sans signification, il est certain que ce n'est pas du camp des artistes que partent les mauvais propos sur le salon.

Quant au public, il est encore moins coupable. Le public entre partout où il voit une porte ouverte, et il n'est pas à craindre qu'il se plaigne jamais qu'on accorde trop à sa curiosité et à ses loisirs. Le noble et délicat amusement que chaque année lui apporte avec les premiers souffles du printemps est devenu pour lui une heureuse habitude ; il va au salon comme il va à Longchamps. Parmi nos habitudes publiques, il n'en est pas d'aussi innocente ; dans aucune, le côté brillant, cultivé, poli et civilisateur de l'esprit national ne se montre avec plus de simplicité, de laisser-aller et d'attrait. L'art est le seul terrain neutre qui nous reste. Le public, n'a donc non plus aucun mauvais vouloir contre le salon.

C'est la critique qui laisse paraître ces fâcheuses dispositions. D'où lui viennent-elles ? Nous l'avons dit déjà, la critique est lasse, et, puisqu'il faut l'avouer, un peu ennuyée ; elle trouve que l'art devient importun et voudrait bien ne pas se déranger si souvent pour lui. Comme elle ne sait plus trop quoi lui dire, elle préférerait n'être plus appelée à s'expliquer. Il se passe quelque chose d'analogue dans la critique littéraire, assaillie qu'elle est de romans, de vaudevilles et de vers ; elle aussi soupire après le repos.

Cette indifférence qu'on peut partager, sans l'approuver, n'a rien d'extraordinaire. C'est celle qui succède inévitablement à tous les mouvements un peu violents de l'opinion. La fortune de la littérature et celle de l'art sont communes. Après le grand bruit qui s'est fait dans ces deux régions pendant quelque dix ans, il a bien fallu s'attendre à un peu de silence. Ce bruit et ce mouvement ont cessé faute d'aliments. L'expérience ayant à peu près mis à leur place toutes les idées d'alors, donné leur valeur à toutes les prétentions et à, toutes les espérances, en un mot classé les hommes et les choses, il est arrivé qu'on a cru s'être battu pour rien, et chacun est rentré chez soi bien résolu de n'avoir désormais de la passion qu'à bon escient. Dès qu'il n'y a plus eu, au salon, des hommes et des idées en présence et en lutte, et lorsque la critique n'y a trouvé que ce qu'y trouve le public, des statues et des tableaux, elle s'est dégoûtée de son œuvre. Sa mission n'étant plus un combat et se réduisant à un simple arbitrage portant sur de pures abstractions, elle la répudierait ou du moins l'ajournerait volontiers, et c'est à son corps défendant qu'elle recommence chaque année une nouvelle campagne dont elle n'attend ni émotions, ni résultats. Ceci se réduit, comme on voit, à un péché de paresse.

Mais cette cause de relâchement n'est pas la seule ; il en est une autre encore plus grave, quoique plus cachée, et toute spéciale à la critique de l'art, telle qu'elle existe en France depuis Diderot, qui a donné le ton en ce genre, et qui y est resté le maître. Nous voulons parler du défaut de rapport qui existe intellectuellement entre l'artiste et la critique. Le point de vue d'après lequel le premier compose son œuvre et qui le guide à chaque pas de sa création, est le plus souvent si différent, ou du moins si éloigné de celui où se place d'ordinaire le second pour la juger, qu'il est aisé de prévoir combien il leur sera difficile de s'entendre. De là le peu de faveur de la critique auprès des artistes ; ils la craignent assez, comme c'est bien naturel, et la caressent en conséquence, mais ils ont au fond très peu de respect pour elle. Sa compétence leur est plus que suspecte, et ils apprécient ses éloges comme ses censures, plus par leur poids que par leur valeur. Tout le tort ici n'est pas du côté des artistes. Ils ont en effet très peu à profiter en général des conseils de la critique, qui est très volontiers doctrinale et magistrale, et c'est souvent même un bonheur pour eux de ne les point comprendre, car ces conseils sont tirés de considérations trop abstraites, trop générales et trop vagues, pour être utilisés dans la pratique. Un seul mot d'un maître leur vaut mieux sous ce rapport que tout un volume d'esthétique. Les critiques, quelque peine qu'ils aient prise pour s'initier théoriquement aux connaissances techniques de l'art, quelque avancés qu'ils soient dans l'étude et la comparaison des maîtres et des écoles, manquent plus ou moins, mais toujours plus qu'ils ne pensent, de bien des notions que la pratique seule peut donner, et qui sont précisément celles dont l'artiste se préoccupe le plus. Cette insuffisance se trahit lorsque, sortant du cercle des appréciations fondées sur les principes communs à tous les arts et sur les règles générales du goût, ils essaient d'entrer dans l'analyse des particularités spéciales des ouvrages qu'ils ont sous les yeux, et de parler, par exemple, avec précision et détail de la couleur et de la lumière. Il est certain que sur ces points et sur d'autres encore bon nombre de délicatesses souvent essentielles leur échappent. Mais les artistes qui voient principalement ces choses auraient tort cependant de se figurer qu'il n'y ait que cela à voir dans les œuvres de l'art, et que tout ce que la critique y remarque soit faux ou chimérique. Le dissentiment résulte ici de la différence du point de vue où on se trouve placé de part et d'autre, et de la mesure qu'on apporte avec soi.

Quoi qu'il en soit, on est forcé de convenir qu'en général la critique, telle qu'elle se produit dans les journaux, n'est trop souvent qu'un écho plus ou moins intelligent du public. Elle rend compte de ses impressions plutôt qu'elle ne formule de véritables jugements. Ces impressions sont d'ordinaire justes, mais elles ne conduisent pas bien loin ni bien avant dans la connaissance de l'objet qui les cause. L'influence prédominante des idées et du goût littéraires, l'application trop exclusive des formules de la poétique générale aux productions des arts plastiques, et l'insuffisance des notions empruntées directement à l'étude spéciale de ces mêmes arts, tels sont les défauts qu'on peut reprocher à notre critique esthétique. Il y a des exceptions, ou du moins nous devons supposer qu'il y en a, mais elles sont probablement trop clairsemées pour influer sensiblement sur le résultat général.

Ce défaut n'est pas ignoré de la critique elle-même. Elle en a jusqu'à un certain point conscience. Elle sent qu'elle est loin de posséder pleinement son objet, que sa marche n'est ni bien sûre ni bien directe, et qu'elle manque d'autorité ; elle voit qu'il existe entre elle et les artistes une sorte de séparation qui rend les communications difficiles, et qu'elle a peu de chances d'être entendue et surtout écoutée. Ce sentiment secret d'insuffisance et de défaut d'autorité peut fort bien être une des causes du découragement dont la presse paraît frappée à l'endroit du salon.

Toutefois, et quoi qu'on puisse penser de ces explications, il importe de ne pas s'exagérer la gravité du fait, s'il existe. La critique ne peut pas, elle non plus, abdiquer. Si elle ne remplit pas d'une manière tout-à-fait satisfaisante certains côtés de sa mission, il lui reste toujours, par certains autres, une large et belle part d'influence. Elle éclaire peu sans doute, mais elle agite. C'est un moteur, sinon un flambeau. Elle est l'interprète des artistes auprès du public et l'interprète du public auprès des artistes, et entretient ainsi la vie de l'art lui-même. À tous ces titres, elle ne peut ni ne doit refuser son intervention. Elle ne doit pas surtout rendre l'art et le public responsables de ses dégoûts, et demander qu'on ferme le salon parce qu'elle s'y ennuie.

Du reste, la proposition si souvent reproduite de prolonger les intervalles des salons a des motifs très fondés. Il y aurait probablement des avantages à rendre les expositions biennales, mais biennales seulement. Si l'on devait aller plus loin, mieux vaudrait maintenir l'état actuel avec tous ses inconvénients, et ne pas s'exposer à perdre les fruits d'une institution éminemment nationale, consacrée par le temps, et qui, dans les circonstances où se trouve l'art, est encore une des plus sûres garanties de son existence.

Passons maintenant à l'inventaire des produits que la nouvelle exposition, épurée par le jury, nous apporte. Il y en a, selon le livret, *deux mille cent vingt et un.* Il y en a, dit-on, à peu près autant de refusés. C'est, à une centaine près, au dedans et au dehors, le contingent de l'année dernière. On dirait qu'on fait ici comme au théâtre, où on ne donne plus de billets et on ferme la porte dès que tout est plein.

La haute peinture historique, à sujets sacrés ou profanes, ne manque pas de représentants au salon actuel. Quelques rares toiles méritent d'être distinguées. On voit sur plusieurs autres les marques, de louables efforts ; vient ensuite la masse qui ne fournit pas même un prétexte à la critique.

La mort inattendue de François Bouchot, artiste jeune encore, frappé au milieu de succès brillants et d'une popularité qui pouvait devenir de la gloire, a répandu une teinte mélancolique sur cette toile inachevée où il a retracé un naïf et charmant épisode de la vie de Jésus, le *Repos en Egypte*. Rien dans les *Funérailles de Marceau*, sauf le talent, n'aurait fait soupçonner que cet artiste dût laisser son dernier mot dans une page du style et du sentiment de celle-ci. La Vierge, assise et vue de profil, incline légèrement sa tête appesantie par le sommeil ; son bras droit, abandonné, tombe négligemment, tandis que le gauche, ramené en avant sur sa poitrine, ne laisse voir que la main sur laquelle s'appuie l'enfant debout auprès de sa mère. Saint Joseph dort aussi la tête appuyée sur une de ses mains. Cette composition laisse voir des traces du souvenir des derniers maîtres de l'école lombarde et bolonaise. Le goût des draperies et le caractère du style font songer au Parmesan, dont la grâce un peu coquette et l'élégant maniérisme ont passé, non sans quelque réussite, dans la pose, dans les contours et l'ajustement de la madone de Bouchot. Son sommeil est plein d'élégance ; on ne saurait dormir avec plus d'esprit. La couleur n'a pas la même distinction ; elle est un peu dans le goût conventionnel et fade des maîtres français qui peignaient du temps de Vanloo. L'idée de mettre dans les yeux du petit Jésus l'expression réfléchie d'une pensée sérieuse et profonde, en le faisant *rêver à sa mission*, pendant que ses parents, succombant aux besoins terrestres, se livrent au repos, est peut-être plus subtile qu'heureuse. Cet air d'absorption méditative dans un enfant au maillot est un anachronisme psychologique qu'on n'accepte pas aisément. Cette difficulté ne valait pas la peine d'être cherchée, car, en la supposant pleinement vaincue, le résultat n'aurait rien ajouté à l'effet du tableau. Le ton doux et fin, répandu partout comme un léger voile, s'accorde au caractère calme de la scène. Loin de rien perdre à n'être pas entièrement fini, cet ouvrage nous semble y gagner. Il y a, en effet, ou du moins on trouve presque toujours dans les ébauches des peintres une certaine fleur d'invention, de hardiesse et de sentiment que conserve rarement l'œuvre terminée. Il est possible aussi que la triste et pieuse émotion que la vue de ces traits inachevés éveille involontairement, ajoute quelque chose à l'intérêt de cette peinture.

On a placé à côté de cette madone une autre composition de Bouchot qui offre, dans de très petites proportions, une grande scène. C'est Bonaparte, arrivé au mont Saint-Bernard, montrant à ses soldats, sans souliers et sans pain, les vastes et magnifiques plaines d'Italie sur lesquelles ils vont s'abattre. Cette esquisse est remarquable par l'énergie des expressions et la vivacité de la touche ; mais ce n'est qu'un projet, et, en peinture, c'est peu de chose qu'un projet. Il y avait assurément, dans le talent de Bouchot, beaucoup de distinction et d'intelligence ; mais l'empressement dont ses dernières productions sont l'objet paraît tendre singulièrement à l'exagération. Aux yeux des contemporains, ce n'est pas un petit mérite à un homme que d'être mort. Ce mérite-là rehausse toujours beaucoup les autres et quelquefois en tient lieu.

Parmi le très petit nombre de compositions à sujets religieux qui valent la peine d'être citées, il en est une dont l'aspect extraordinaire et la singularité ont des droits au moins à la surprise : c'est la *Descente de croix* de M. Chasseriau. Cette peinture n'est pas modeste. Si les vues ambitieuses qu'elle affiche étaient justifiées, il ne s'agirait de rien moins que de saluer en elle un des évènements les plus imprévus et plus improbables dans nos temps, l'apparition d'un nouveau grand maître. Les prétentions de cette œuvre semblent, en effet, monter jusque-là. On conçoit dès-lors quelle serait, de cette hauteur, la gravité d'une chute. Pour les témérités de cette force, ne réussir qu'à demi, c'est tomber. Tel paraît être malheureusement le cas de M. Chasseriau. Ce n'est pas que nous partagions l'avis de ceux, en très grand nombre il faut l'avouer, qui ne voient dans cet ouvrage qu'une déplorable mésaventure. Il nous semble au contraire y apercevoir çà et là, confusément il est vrai et comme au sein d'un chaos, quelques empreintes d'une pensée et d'un sentiment nullement méprisables. Mais il n'est pas moins vrai que cette impression favorable est si ouvertement contredite par d'autres d'une nature opposée et bien autrement puissantes, qu'elle ne fait que traverser l'esprit par intervalles, sans s'y établir ; et, chaque fois qu'elle s'y représente, on s'empresse de la chasser comme une mauvaise tentation.

Certains défauts de cette peinture sont écrits certainement en assez gros caractères, pour qu'il soit facile à chacun de les lire. Et, d'abord, quelle est l'action qu'a voulu représenter l'artiste ? D'après le titre mis à son tableau, ce serait une *Descente de croix* ; mais il est évident que sa peinture donne tout autre chose. Nous ne voyons pas ici, comme dans les fameuses compositions de Daniel de Volterre, du Baroche, de Rubens, de Jouvenet, de Lebrun, pour ne citer que les plus connues, le corps du Christ, détaché de la croix, en *descendre*, soutenu d'en bas ou retenu d'en haut par les disciples. Le sujet représenté par M. Chasseriau n'est donc pas proprement la descente de la croix, mais la scène qui se passa alors que le corps inanimé de Jésus fut déposé tout sanglant entre les bras de sa mère, de saint Jean et de Madeleine, scène qui n'a d'autre réalité historique, du reste, que celle que lui a donnée la tradition de l'art. C'est ce qu'on appelle en Italie une *pietà* et en France un *Christ mort* ; c'est là ce qu'il faut voir dans la composition de M. Chasseriau. Même en partant de cette donnée, la composition de M. Chasseriau pèche singulièrement par le défaut de clarté. La disposition de ses figures est pleine d'invraisemblances et d'impossibilités. Comment son Christ, qui n'est ni couché, ni assis, ni soutenu par aucun moyen visible, peut-il rester ainsi debout en dépit des règles de la pesanteur ? Où sont ses jambes, qui, à la faveur de ce lambeau de linceul blanc, disparaissent tout d'un coup sans qu'on sache ce qu'elles sont devenues ? Comment s'expliquer la position de la Vierge dont on ne sait pas davantage où placer le corps et les pieds ? N'insistons pas, si l'on veut, sur ces défauts en quelque sorte matériels, quoiqu'ils indiquent ou une négligence ou une inexpérience également inadmissibles dans une œuvre qui veut évidemment être sérieuse et semble provoquer un parallèle avec celles des maîtres. Passons à des considérations d'un autre ordre. La tête du Christ n'est pas d'un beau caractère ; elle n'appartient pas à la belle famille des christs italiens ; on la dirait plutôt empruntée, comme forme et expression, à ces types délabrés et bizarres du gothique allemand. Celle de la Vierge est d'un style plus élevé, l'expression de la douleur y est rendue avec assez de grandeur et d'énergie ; mais de fortes incorrections de dessin la déparent. L'action de la Vierge, qui détache du front de Jésus la couronne d'épines, est, sauf erreur, un motif neuf et heureux ; toutefois on aurait pu, ce semble, en tirer un autre et meilleur parti. Les cheveux du Christ, engagés dans la couronne, étant ainsi relevés en masse et tirés perpendiculairement en haut, paraissent hérissés, ce qui donne à cette tête une expression de grimace étrange que l'artiste n'a pas peut-être cherchée, mais qu'il a eu le malheur de rencontrer. La figure de Marie-Madeleine qui, échevelée et pleurante, s'approche du Christ pour laver la plaie du coup de lance, est jetée avec une sorte de hardiesse qui ne nous déplaît point. Elle est sans style proprement dit, mais non sans tournure ; l'expression de son mouvement est forte et pathétique. Il est à regretter cependant que cet effet ne soit obtenu qu'au travers d'incorrections d'autant plus fâcheuses qu'on est porté à se demander si toute cette originalité apparente ne consisterait pas, par hasard, dans ces inégalités et disproportions mêmes. Les autres figures ont moins d'importance et sont loin de valoir celle de Madeleine. L'homme à genoux, qui soutient la main droite du Christ, est tout-à-fait banal, et les parties nues de son bras sont d'un dessin plus que suspect. Nous avons déjà vu à une autre époque les deux bras en l'air de la figure du fond ; ils appartenaient alors à saint Symphorien. Considérée dans l'ensemble, cette composition pèche surtout par le défaut d'unité de pensée, de style, de manière. On cherche en vain à discerner à quelle école, à quel maître, à quelle tradition cette peinture se rattache ; il y a des velléités florentines, polonaises, allemandes, mêlées avec les plus flagrantes inspirations de la routine des ateliers ; elle n'est empruntée à personne, sans appartenir pour cela à l'auteur. On n'y voit que des disparates. Ce qui est vrai du style ne l'est pas moins de l'exécution et de la couleur. Il n'y a pas plus de parti pris sur ce point que surtout le reste.

Cet effort prodigieux vers le grand et le sublime est louable en soi ; il témoigne dans l'artiste de nobles résolutions et d'un sentiment non vulgaire de l'art. Nous ne nous plaindrions même pas de le voir échouer devant les immenses difficultés de l'entreprise. Rien de plus commun que cet événement. La seule chose fâcheuse en ceci, c'est que cet effort se produise sous la forme d'une prétention, et avec une confiance telle dans le résultat, qu'on dirait qu'il s'agit de la chose la plus simple du monde, et qu'il n'y a, qu'on nous passe le terme, qu'à se baisser pour en prendre. Mais ce sommet de l'art où ce jeune artiste a la généreuse ambition d'atteindre, on n'y monte pas ainsi en courant ; il faut le gravir, et avec plus de peine et de sueurs qu'il ne paraît le croire. Ces places-là sont, comme il n'est permis à personne de l'ignorer, exclusivement réservées à quelques rares génies ; auxquels en outre on ne les donne et qui ne les demandent que lorsqu'ils ne sont plus écoliers.

Des observations analogues pourraient s'appliquer à un autre tableau du même artiste, à ses *Troyennes*. Quant à cette insignifiante étude de la *Toilette d'Esther*, il n'a fallu évidemment rien moins que l'étonnante sécurité de l'auteur à l'endroit de ses ouvrages pour venir l'exposer au grand jour du salon. « Esther était très belle, dit le livret d'après la Bible, et son visage d'une grâce si parfaite, qu'elle paraissait aimable et ravissante à tous ceux qui la voyaient. » On ne trouvera pas que M. Chasseriau ait servilement copié son modèle.

Ces deux dernières peintures font tort à la première, car elles leur servent comme de commentaire, et ce commentaire n'est pas très favorable. Leur faiblesse visible donne jusqu'à un certain point la mesure de la force et de la grandeur qu'on pourrait facilement, sur la première impression, attribuer à la *Descente de Croix*. Disons pourtant que cette impression, dont nous avons eu à nous défendre, n'est pas entièrement illusoire. Malgré ses défauts plus ou moins criants, il y a, selon nous, dans cette page bizarre quelque chose qui résiste à l'analyse dissolvante de la critique, et qu'on chercherait peut être en vain dans toutes les autres toiles du même genre. Cette concession est grande, très grande. Le temps, qui explique tout, fera connaître si et jusqu'à quel point elle est méritée. En attendant, la sévérité était le parti le plus sûr. Nous avons vu assez d'enfants sublimes pour apprendre qu'il faut s'en défier et surtout ne pas les gâter.

Si l'on ne savait que les dimensions de la toile où M. Henri Lehmann a représenté la *Flagellation* lui ont été imposées, ainsi que le sujet, on s'étonnerait avec raison qu'il eût à ce point resserré et rapproché ses figures. Les deux bourreaux qui frappent, trop près de la victime, manquent évidemment d'espace pour se développer et asséner leur coup. Leur pose a quelque chose de gêné et de peu naturel. Dans cette composition, M. Henri Lehmann s'est efforcé d'agrandir sa manière. Nous croyons cependant que le grand style, les expressions violentes, le haut pathétique, sont, sinon au-dessus, du moins un peu en dehors de son talent, qui a plus d'affinité avec la grâce qu'avec la force. Sa charmante *Ondine* de 1834 nous semble le type de ce qu'il peut et devrait vouloir faire de préférence. Ses *Femmes près de l'eau* (galerie de bois), inspirées par le même sentiment que l'*Ondine*, quoique d'un goût moins pur, nous paraissent, par cette raison, plus satisfaisantes que sa *Flagellation*. Cette composition est pourtant une œuvre fort estimable. Il a cherché avec soin, et non sans quelque succès, l'expression des têtes, chose rare aujourd'hui, et dont le secret est comme perdu. L'expression, toutefois, n'est pas la grimace, et je ne sais si M. Henri Lehmann n'a pas pris rune pour l'autre dans la figure de son bourreau qui est à la droite du Christ. Le Christ lui-même n'est pas d'un style suffisamment élevé. Il n'a pas de cou, et le mouvement en haut de ses épaules, entre lesquelles s'enfonce la tête, lui donne un air d'impatience et d'ennui plutôt que de souffrance résignée. Dans son ensemble, cette figure est, dans les formes et l'expression, d'une délicatesse un peu enfantine et féminine. Poussin ne voulait pas qu'on se figurât le Christ comme un père *Douillet* ; bien moins encore eût-il approuvé qu'on en fît une femmelette. L'exécution ne manque ni de hardiesse ni de vigueur ; la lumière est distribuée avec habileté ; la couleur pourrait avoir plus de variété et d'éclat.

Le portrait historique de *Templier*, par le même artiste, ne pourra guère lui être pardonné qu'en considération de sa *Mariuccia*. Il y a aussi une *Chiaruccia* de M. Adolphe Lehmann. Les originaux sont de la même famille, les peintures également.

Le *Saint Louis* de M. Hippolyte Flandrin n'ajoute ni n'ôte rien à ce que ses précédents ouvrages nous avaient appris. C'est un de ces talents établis dont il n'y a certainement, rien à craindre, et probablement peu à espérer. Tout, dans cette peinture, est si irréprochablement conçu, arrangé, étudié, travaillé et exécuté, qu'on éprouve quelque remords à ne pas s'y plaire. Le saint Louis est d'une vérité historique parfaite, quoique un peu bonhomme pourtant. Les quatre figures qui l'entourent sont gravement, simplement et noblement posées. Le sire de Joinville, appuyé sur le pommeau de sa longue épée, a un faux air du saint Paul de la *Sainte Cécile*, réminiscence déplacée si elle était volontaire. Le personnage debout et à capuchon, probablement l'abbé de Saint-Denis, est un peu mélodramatique. Il écoute et regarde en conspirateur ; c'est un contre-sens. La correction continue du dessin, l'étude soignée du modelé inséparable de la correction, la sobriété et le calme de la couleur qui se cache pour faire valoir uniquement le caractère, la forme et la pensée, sont certes de belles et rares qualités. M. Flandrin les possède, mais elles sont chez lui pour ainsi dire à l'état abstrait et latent. Il leur manque la vie, l'action, le mouvement, la saillie. On a dit quelque part, dans le sens matériel, qu'il y avait sur ce tableau une sorte de voile nuageux ; il y a aussi, au sens spirituel, un nuage, et ce nuage, c'est l'ennui.

C'est aussi l'ennui qui est le plus mortel ennemi de la peinture d'un autre disciple de la même école, M. Émile Signol. A Dieu ne plaise pourtant que nous veuillons établir un parallèle entre deux talents si inégaux et si différents ! La peinture de M. H. Flandrin est celle d'un homme de goût, de sens, d'habileté, de science et d'intelligence. Que dire de celle de M. Signol ? Il n'y a que l'*hélas !* de Boileau pour la définir convenablement. Elle est d'une innocence à attendrir les cœurs les plus durs. La mère en permettra la lecture à sa fille. On croyait les genres épuisés, il y en a ici un nouveau, c'est le genre niais. C'est là, en bien cherchant, tout ce qui se peut dire à propos de la *Vierge mystique* et de la *Femme adultère*, compositions candides tout-à-fait dignes des honneurs lithographiques comme leurs aînées. La *Sainte Madeleine pénitente* offre cependant encore des traces des qualités qui donnèrent quelque éclat aux débuts de M. Signol ; mais c'étaient alors des espérances, aujourd'hui ce sont des souvenirs, c'est-à-dire des regrets. Il y a une *Madeleine* plus maltraitée encore que celle-ci, c'est celle de M. Carbillet.

Une certaine analogie, sinon dans la manière, du moins dans le résultat, nous fera mentionner ici, en passant, un petit tableau de M. Henry Scheffer, *Jésus-Christ chez Marthe et Marie*. Le sentimentalisme et la sensiblerie, insipides partout, même dans le roman, sont insupportables dans la Bible. Ces sujets-là veulent un autre style que celui de la ballade. La peinture de M. Signol endort, celle-ci crispe. Nous ne choisirons pas.

M. Mottez s'est exercé sur le même sujet, mais plus en grand et sur un ton plus convenable. Pans un épisode de cette nature, où il n'y a pas proprement d'action déterminée et par conséquent pas d'intérêt dramatique, le peintre ne doit compter que sur lui-même et remplacer l'intérêt du sujet par celui de l'art. Sans y réussir complètement, M. Mottez s'en est pourtant tiré avec honneur. Sa figure de Marthe est pleine d'élégance ; mais le geste presque tragique de sa main droite étendue ne nous paraît pas suffisamment clair, s'il a une signification, et mal choisi, si ce n'est qu'une attitude. Marie, assise en face de Jésus, manque peut-être un peu de style. Comme il arrive souvent, la principale figure, celle de Jésus, se trouve être la moins bonne. Cette petite scène d'intérieur aurait peut-être gagné à être rendue dans de moindres proportions.

Les tableaux de sainteté qui tapissent chaque année les murs du salon carré, distinction qu'ils doivent sans doute, pour la plupart, autant à leur dimension qu'à leur valeur, ne sont guère regardés que par leurs auteurs ou par ceux qui, comme nous, sont obligés d'y jeter les yeux. A voir la profonde indifférence, l'absolue incuriosité du public à l'égard de ces malheureuses toiles, on dirait qu'il ne les considère que comme les pièces ordinaires de l'ameublement de la salle, trop souvent vues déjà pour exciter son attention. Il croit innocemment que ce sont toujours les mêmes. L'erreur est excusable, car, si ces vénérables pages ont quelque mérite, ce n'est certes pas celui de la variété. Ceci doit s'entendre en général, il y a toujours quelques exceptions. Il a été déjà question d'une flagellation et d'un saint Louis, on peut encore en trouver trois ou quatre autres : par exemple le *Moïse* de M. Sturler, peinture d'un beau dessin, d'un caractère élevé, et à laquelle on ne peut reprocher qu'un peu d'uniformité dans le ton général, qui est sourd. En revanche, le tableau de M. Debon, *Jésus-Christ et les Pères de l'église*, pécherait volontiers par l'excès contraire ; les tons blancs, les reflets étincelants, y abondent, la lumière y ruisselle ; l'auteur a sacrifié beaucoup à l'effet, qui est presque du fracas. C'est une œuvre surtout de coloriste. Ces figures de pères, avec leurs somptueux habits sacerdotaux, sont hardiment posées et largement peintes. Ce tableau marque un progrès notable dans ce jeune artiste. *La Mort de saint Jérôme*, de M. Bigand, est si pauvre en figures, que c'est à peine un tableau. Son saint à genoux rappelle trop littéralement celui du Dominiquin. Il y a cependant un heureux sentiment de couleur. Quelques têtes agréables se montrent çà et là dans la grande composition n° 1027 (*l'Entrée de J.-C. à Jérusalem*), mais elles ne suffisent pas pour compenser la stérilité d'invention, la platitude du style et la banalité des idées. *La Charité*, de M. Gosse, est une peinture propre, léchée, ornée et travaillée avec une recherche qui va jusqu'au précieux. Rien n'y manque du côté de la toilette. On y chercherait en vain autre chose que ces petits agréments extérieurs. C'est un travail fort pénible, mais froid et mou. L'art proprement dit est absent. Avec bien moins d'apprêt, moins de frais de brosse et de glacis, et moins d'habileté pratique, Mme Desnos a mis, dans sa *Sainte Geneviève consacrée à Dieu*, assez de naturel et de naïveté pour se faire pardonner l'absence de certaines qualités qu'on aurait tort d'ailleurs d'exiger dans une œuvre de femme.

On nous dispensera d'étendre plus loin nos remarques sur les tableaux religieux du grand salon ; il nous répugnerait d'affliger ou de blesser sans aucune chance d'être utile. La médiocrité et la faiblesse doivent être abandonnées à leur sort. Mais nous trouverons dans la grande galerie quelques oublis à réparer. Et d'abord en entrant, à droite, l'*Adoration, des Bergers* de M. Cottrau présente un effet de lumière heureux et piquant. Le foyer lumineux, placé au centre de la scène, est le corps même de l'enfant Jésus, surnaturellement empreint d'une clarté resplendissante. L'idée appartient au Corrège, qui en a fait usage dans sa fameuse *Nuit* de la galerie de Dresde, chef-d'œuvre qui, pour le dire en passant, ne coûta que cent soixante-dix francs au bon bourgeois de Parme Albert Pratonero, qui lui en fit la commande. Le ministre de l'intérieur a dû être plus généreux pour M. Cottrau. En ne cherchant dans cette peinture que ce que l'auteur a voulu y mettre, c'est-à-dire une vive et habile imitation des jeux de la lumière, les effets imprévus et pittoresques des fortes oppositions et le charme matériel du clair-obscur, tels que le Valentin, le Caravage et Gérard *delle Notti* en ont donné des exemples, on ne pourra qu'être très satisfait du résultat obtenu par M. Cottrau. Sans égaler la puissance et surtout l'originalité de l'exécution de ses modèles en ce genre, il a fait preuve d'une grande habileté.

Nous rencontrons à quelque distance, et du même côté, une toile de M. Gigoux. Le *Saint Philippe* n'est pas de nature à relever l'artiste du grand naufrage d'*Antoine et Cléopâtre*. Son talent ne paraît pas pouvoir s'acclimater dans les hautes régions de l'histoire païenne ou chrétienne. Comme composition, son *Saint Philippe guérissant des malades* mérite des éloges. Ce vieil apôtre, placé entre ses deux filles jeunes et belles, comme entre deux anges, est une sorte de bonne fortune. La distribution des différents groupes dans le sens de la hauteur, à la faveur d'un escalier, est heureuse ; elle introduit dans la scène beaucoup de variété sans l'éparpiller. Mais un défaut irrémédiable annule tous ces préparatifs. C'est l'absence d'élévation, de noblesse, de distinction, et, dans un seul mot, de style. Ce défaut est partout, dans les formes, dans l'expression, dans les poses, dans les ajustements, dans les accessoires, et même dans l'exécution. Heureusement pour cet artiste, il pourra, lorsqu'il le voudra, prendre sa revanche dans quelqu'une de ces petites scènes familières, sur lesquelles son crayon ingénieux, inventif et spirituel s'est si brillamment exercé autrefois dans la charmante illustration de *Gil-Blas*, et dont il a donné aussi en peinture quelques exemples non moins satisfaisants.

La Foi, l'Espérance et la Charité, de M. Édouard Dubuffe, indiquent des études, un goût et surtout une direction qu'on ne devait guère s'attendre à voir germer dans l'atelier de son premier maître. C'est le cas de dire : *Omnia sana sanis*. Nous regrettons de ne pouvoir, dans la rapidité de notre course, accorder qu'une insignifiante mention à la *Sainte Cécile* de M. Ferret, bien posée et d'un ton harmonieux. Il faut nous contenter, par la même raison de saluer en passant et de très loin une belle *Sainte Catherine* de M. Brémond, figure d'un grand goût, d'une exécution savante et solide, reléguée au fond de la galerie de bois, hors de la portée du regard. Nous nous arrêterons davantage, plus loin, sur la *fresque* de ce même artiste.

Le *Prométhée enchaîné*, de M. Jourdy, n'est pas une composition, c'est un recueil d'études dont la plupart sont bonnes. Il faut seulement reporter une partie de notre approbation sur Flaxmann, qui a fourni les principales. Mais il y a du goût à bien choisir, et il faut beaucoup de talent pour ne pas gâter les belles choses qu'on imite. M. Jourdy mérite qu'on fasse ces distinctions.

M. Bezard a traité, dans sa *Calomnie*, un sujet entièrement idéal. Ses personnages sont tous des êtres allégoriques. La destinée de ce tableau est curieuse ; il fut peint pour la première fois par Apelles ; le tableau ne nous est pas parvenu, mais Lucien en a laissé une description très exacte et détaillée. Vers le milieu du XVIe siècle, un peintre florentin, Alexandre Botticelli, eut l'idée de retraduire en peinture la traduction en prose de Lucien. Cette composition se voit encore aujourd'hui à la galerie de Florence. Un demi-siècle après, Raphaël eut un caprice analogue et transforma la page de Lucien en un très beau dessin à l'aquarelle et au bistre qui est au Louvre à Paris. C'est dans cet état qu'il est enfin arrivé entre les mains de M. Bezard. Cette dernière édition n'est peut-être pas la meilleure ; elle est d'une froideur académique à glacer. Il faut beaucoup d'imagination pour donner un sens à l'allégorie et la transporter dans la réalité. M. Bezard n'a trouvé qu'une tête pour la plupart de ses figures. La meilleure est, sans contredit, celle de la Crédulité qui est véritablement stupide. Il y a pourtant dans cette composition beaucoup de science et des études solides qui ne feront pas défaut à M. Bezard dans quelque autre sujet moins ingrat.

Puisque nous sommes dans la mythologie, plaçons ici la *Clytie*, de M. Riesener. Le livret assure que cette jeune fille est transformée en héliotrope dans le tableau. Heureusement il n'en est rien ; elle va l'être seulement. Cette figure nue, ou à peu près, a la grâce sensuelle et maniérée des *Léda*, des *trigone* et autres nudités du même artiste ; mais enfin c'est de la grâce, et c'est beaucoup. Avec un sentiment moins fin de l'art et surtout bien moins d'esprit que l'auteur de la *Clytie*, M. Glaise a fait aussi un emprunt heureux à cette charmante mythologie. Il nous fait voir la pauvre Psyché retirée du fleuve où elle s'était précipitée de désespoir après sa rupture avec l'Amour. Le ton de cette peinture est doux et harmonieux ; on pourrait souhaiter un peu plus d'idéal dans les formes de ces deux nymphes, et particulièrement dans la Psyché, qui, en dépit de son nom, est bien chargée de matière pour représenter une âme. L'exécution est consciencieuse, étudiée sans minutie, la touche délicate et aussi un peu molle. Nous n'aurions pas pu donner les mêmes éloges à la *Fuite en Égypte*, du même auteur.

Nous ne pensons pas qu'il soit rigoureusement dans le devoir de la critique d'analyser en détail des œuvres comme le *Jean Guiton*, de M. Omer-Charlet, le *Lara*, de M. Balthazar, ou même la *Séance royale*, de M. Vinchon. Nous remarquerons cependant que dans ce dernier tableau le tapis de la salle est d'une ressemblance parfaite et admirablement exécuté. Plaignons surtout l'artiste habile auquel on a donné à peindre cette colonne du *Moniteur* de 1814.

Au premier aspect du tableau de M. Hesse, si riche en figurines, si encombré de cottes de mailles, de cuissards, de brassards, d'éperons dorés, de longues épées, de bannières, si provoquant de ton, si luisant et si propre, nous avons cru voir un produit de cette école, de Lyon, fameuse jadis par son vernis. Il est impossible d'être moins coloriste, avec une masse de couleurs suffisante pour défrayer dix tableaux de Rubens ou de P. Véronèse. M. Hesse a voulu être solide, mais la solidité n'est pas la dureté et encore moins la crudité. Cette peinture n'appelle l'œil que pour le blesser. La composition ne nous indemnise guère de ce premier échec. Nous voyons ici beaucoup de riches costumes de soie, d'or et de pourpre, des armures magnifiques ; mais où sont les corps qui portent tout cela ? Toutes ces petites maquettes, placées les unes à côté des autres comme des découpures, ne sont pas de véritables hommes. N'allons pas plus loin ; nous en avons déjà trop dit. Il en coûte d'avoir à constater une telle chute d'un talent qui, après avoir fait les *Funérailles du Titien*, vient nous apporter le *Godefroi de Bouillon*. Espérons plutôt que ce n'est là qu'un faux pas.

Nous avons soupçonné le livret d'erreur en lui voyant attribuer le tableau qui porte le titre de *Bataille de Civitella* à M. A. Roger. Nous ne pouvions croire que l'auteur de ce tableau fût le même que celui des peintures des fonts baptismaux à Notre-Dame de Lorette. Cependant le fait est certain, et il devient dès-lors inexplicable ; mais nous n'avons pas le temps d'étudier des énigmes.

Dans cette catégorie du *genre historique*, nous rencontrons encore M. Clément Boulanger, qui y est très fidèle. Son *Mal des Ardents* est un fort joli pendant de sa *Gargouille*. On voit, à ces noms pleins de goût, que l'auteur est de ; l'école romantique. Il y a quelque agrément de couleur et d'effet pittoresque dans ces compositions, qui ne nous semblent pas d'ailleurs prétendre être examinées de près et sérieusement. Dans le *Raymond VI, comte de Toulouse*, de M. Gué, le même que l'auteur du *Jugement Dernier*, exposé au précédent salon, il y a un magnifique fragment d'architecture admirablement peint. C'est le frontispice de la vieille église de Saint-Gilles en Languedoc, à la porte de laquelle se passe la scène représentée. Il ne faut pas confondre cette composition avec une autre de M. Oscar Gué, qui nous fait assister à la comparution du prince de Condé, si compromis dans la conspiration d'Amboise, devant le conseil de François II. Comme composition, nous n'avons rien à en dire ; comme couleur, il y a des parties très dignes d'éloges. La même observation s'appliquera convenablement au tableau de M. Blanchard (Octave), représentant la *Lecture de l'Évangile dans une église de Rome*. Il y a de la vigueur et du relief, et quelques souvenirs de la manière de M. Schnetz. M. Karll Girardet, qu'on doit distinguer aussi de son homonyme, M. Édouard Girardet, a peint une scène des persécutions religieuses qui suivirent la révocation de l'édit de Nantes. Des protestants rassemblés à un prêche sont surpris par des soldats guidés par des moines. Le ministre est appréhendé au corps. Il y a de l'intelligence et du talent dans cette composition, mais rien d'assez saillant comme art pour motiver une étude particulière. M. Fragonard pourrait dire aux visiteurs du salon ce qu'Henri IV disait à ses soldats : Vous me reconnaîtrez à mon panache ; c'est son emblème comme la fameuse giroflée du Garofalo. Il en met un au moins dans chacun de ses tableaux, et c'est le plus bel ornement de ses *Funérailles de Masaniello*, fatras pittoresque et chevaleresque du goût que vous savez.

Les *Femmes Franques*, de M. Eugène Lepoittevin, ne sont autre chose que des Mazeppas féminins, attachés tout nus, par je ne sais quel cruel tyran, à la queue de chevaux sauvages, et emportés à travers champs. Nous retrouverons avec plaisir M. Lepoittevin en mer.

M. Leullier, pour nous reposer sans doute du spectacle terrible de son vaisseau *le Vengeur*, de l'an passé, s'est inspiré de la féerie. Il nous montre l'enchanteur Atlant monté sur l'hippogryphe, en compagnie de trois ou quatre belles filles nues qu'il a enlevées en route. Il n'était pas facile d'arranger tout ce monde sur le dos de l'animal ailé. M. Leullier s'en est tiré à son honneur. La figure de son enchanteur, toute d'imagination, est heureusement inventée comme type et comme ajustement. Il y a un peu de fadeur peut-être et pas assez de solidité dans le ton dominant.

On a pu voir que jusqu'à présent nous avons suivi, pour classer les ouvrages, l'analogie des sujets et la division, assez élastique du reste, des genres. Cet ordre aurait été tout autre, si nous eussions hiérarchie du talent. Nous aurions eu alors à mettre en tête le nom de quelques artistes que notre plan ne nous fait, rencontrer qu'ici et trop tard.

Et d'abord M. Decamps.

Le talent de M. Decamps se laisse difficilement analyser. Ce talent a des secrets, comme ses procédés techniques d'exécution. Il amuse, il entraîne, il attache, il éblouit, il étourdit ; et de même que son talent échappe à l'analyse, ses œuvres échappent presque à la description.

De ses trois dessins, il en est un surtout d'une incomparable réussite, c'est la *Sortie de l'école turque*. Quelle gaieté, quelle expansion de bonheur et d'allégresse, quelle fleur de vie et de santé, quelle pétulance sur tous ces frais et riants visages de marmots turcs ! Ils crient, ils sautent, ils courent, ils dansent, ils battent des pieds, des mains. Ils s'entrechoquent, se culbutent, tombent les uns sur les autres ; ils sont à la fois comiques et gracieux, espiègles et naïfs, turbulents et pleins de bonhomie. Leurs petites mines sont si bouffonnes qu'on ne peut s'empêcher de rire, et ils sont si jolis qu'on voudrait les embrasser. Tel est le gamin turc pris sur le fait. Et le magister les vaut bien ; vraie figure d'épouvantail, face de hibou lugubre tout-à-fait digne des anathèmes de la joyeuse nichée d'oiseaux qu'il tient en cage. Étendez sur cette charmante scène un frais bariolage de tons fins, doux, vifs, brillants, animés, harmonieusement mêlés et distribués partout sans dissonances ni papillotage ; ajoutez-y une lumière pleine, abondante, qui pénètre dans les moindres coins et fait tout toucher à l'œil ; supposez enfin le charme de Lette exécution secrète et originale qui distingue la manière du peintre, et vous aurez quelque idée de cette aquarelle. Il faut toujours à la critique sa part. On a trouvé que les flots de poussière soulevés sous les pieds des enfants ressemblaient trop à du coton en boules, que la couleur des murs était par trop conventionnelle, et que sais-je encore ? Tout cela est vrai, mais qu'importe ?

Les deux autres dessins de M. Decamps nous placent dans un autre monde. C'est l'épopée après la comédie. Dans *le Siège de Clermont* ; d'épaisses masses d'hommes et de chevaux, répandues à flots pressés sur de larges espaces, s'entrechoquent dans une horrible mêlée. Les Romains et les barbares y sont aux prises. Nous assistons à un de ces drames gigantesques dans lesquels figuraient non-seulement des armées, mais des nations entières. Nous ne décrivons pas cette immense composition. L'effet d'ensemble en est solennel et terrible. Comme exécution, elle est supérieure à l'autre ; mais celle-ci est d'une conception plus originale. C'est un épisode de *la Défaite des Cimbres*, exterminés par Marius. Les barbares sont en pleine déroute ; ils luttent cependant encore en désespérés sur plusieurs points du champ de bataille. Sur le premier plan, au centre de ta scène, au milieu d'un ravin traversé par un ruisseau, s'avance, traîné par quatre bœufs, un énorme char chargé de femmes, de vieillards et d'enfants, dans les attitudes de l'accablement, de la terreur et du désespoir ; ce groupe offre de très beaux détails de style et d'expression. Sur l'arrière, deux guerriers, la face tournée vers l'ennemi, lancent leur javelot. A côté du char galope un cavalier dont le mouvement et le jet sont admirables. Sur le devant, aux pieds même des premiers bœufs, un homme couché à plat par terre, la face en bas, au bord du ruisseau, s'y désaltère à la hâte ; c'est un de ces motifs qu'on ne trouve que chez les maîtres. Sur une hauteur, les Romains ont établi leurs machines de guerre. L'effet général est moins réussi que celui du *Siège de Clermont*. Le ciel et la terre ne s'y distinguent pas assez ; les nuages manquent de légèreté, et l'air de transparence.

Il y a dans ces compositions de rares qualités d'invention, de style et de dessin, et une étonnante puissance d'exécution. Ce sont des œuvres d'un ordre fort élevé. Cependant la pensée et le sentiment de l'artiste n'y éclatent pas, ce nous semble, avec autant d'originalité, de franchise et de liberté que dans des productions du genre de l'*École turque*. En entrant dans l'histoire, il y trouve la tradition, les exemples des grands modèles, et y cherche naturellement des appuis. Quoiqu'il emprunte avec une rare intelligence et sache toujours jeter dans son moule à lui ces matériaux, il ne peut effacer tout-à-fait la trace de ces études. Ces influences étrangères, jointes à celles des habitudes d'esprit et de main contractées dans l'exécution de ses autres ouvrages, ôtent quelque chose à l'individualité de son talent et nuisent à l'unité du résultat. Il arrive de là que, malgré leur mérite extraordinaire, ces dessins ont quelque chose de singulier, de bizarre et de bâtard, qui ne se rencontre pas dans sa manière habituelle.

Après M. Decamps, c'est à M. Meissonier que reviennent les seconds honneurs. Il est convenu de dire que c'est un Flamand ; nous ne nous y opposons pas. Quelques défauts de perspective se font encore remarquer à regret dans ces deux jolis ouvrages, le *Fumeur* et le *Joueur de Basse*, principalement dans le dernier. Comme caractère, comme expression, comme sentiment d'observation, il reste peu de choses à acquérir à M. Meissonier ; mais son exécution, d'ailleurs si fine et si délicate, est encore un peu indécise sur beaucoup de points. Il faut que la perfection soit partout. Encore un pas, et un pas très facile à faire, et ce jeune artiste aura donné à l'école française un maître de plus, et dans un genre où cette école avait laissé une lacune.

Quelques autres tableaux de chevalet, à scènes familières, gaies, sérieuses ou tristes, peuvent trouver place ici. En première ligne se présente la *Korolle*, ou danse bretonne, de M. Ad. Leleux. Cet artiste a un sentiment naïf et doux de la nature, qui paraît s'offrir à lui de préférence par son côté mélancolique. Une ronde, exécutée par de jeunes villageois devant le seuil d'un toit rustique, au son d'un flageolet ou d'une musette, auprès de quelques toiles dressées en plein air ; c'est le thème d'un tableau flamand. Rien ne ressemble moins cependant à une kermesse que la scène de M. Leleux. Ses bons paysans dansent, sautent et tournent bien, et le mouvement de ronde est rendu avec beaucoup d'art et justesse ; mais l'impression morale n'est pas celle de la fête et de la joie. C'est une gaîté plus tendre que vive, et qui n'est qu'à la surface ; il y a de la tristesse au-dessous. L'exécution est un peu triste aussi comme le sentiment moral. La lumière est douce, mais pale ; on dirait un beau clair de lune. La couleur est plus timide encore, et semble vouloir se cacher. Les figures des danseurs n'offrent que de légers simulacres privés de corps ; ce sont des ombres dansantes, mais des ombres innocentes et amies. *Le Paralytique*, du même artiste, est loin de valoir sa *Korolle*.

Les trois pastels de M. Maréchal, *les Adeptes, le Loisir, la Détresse*, ont excité une admiration beaucoup plus modérée que ceux de l'an passé, dont on avait fait une sorte d'évènement. Ce n'est pas que ces dessins soient inférieurs (du moins *les Adeptes*) aux précédents ; c'est que le talent de l'artiste, quoique fort distingué, ne paraît devoir s'appliquer qu'à un très petit nombre de motifs toujours les mêmes, et que son exécution, quoique habile, n'est ni assez originale, ni assez puissante, ni assez variée pour soutenir longtemps la curiosité.

Le Ministre médecin, de M. Jacquand, est une scène larmoyante de drame bourgeois, peinte dans la manière de M. Robert Fleury affaiblie on ne peut dire de combien de degrés. M. Jacquand pourrait-il nous expliquer pourquoi les doigts de la malade et ceux du médecin, non moins malade que sa cliente, sont restés au bout de sa brosse ?

M. Bellangé a donné aussi dans le sentimentalisme avec son *Départ du Conscrit* et son *Retour du Soldat*. Il y a du moins ici un mérite d'observation et quelque peu d'art. C'est à peine si on peut faire la même concession à la *Scène de Fugitifs* empruntée à Goethe par M. H. Scheffer, qui nous répète indéfiniment le même couplet de la même complainte. Le *Retour du Marin* et la *Bénédiction des Orphelins*, de M. Duval-Lecamus, sont également des pages de très bonne morale, dignes d'être mises sous les yeux de la jeunesse. J'allais oublier une petite *Marguerite* de M. Froment-Delormel, dont les accessoires sont finement traités, et une *Corinne improvisant*, de M. Simon Guérin, composition pleine de poésie, d'heureux motifs, et qui méritait d'être développée sur de plus grandes proportions.

M. Grosclaude ayant jugé à propos, cette année, d'abandonner le genre bouffon pour s'exercer, dans son *Marino Faliero*, à une lutte inégale avec le daguerréotype, M. Biard est resté maître de la place. C'est autour de son Mal de mer qu'ont lieu les hourras les plus expressifs de la jubilation publique. Tous ses ours, ses Lapons, ses glaces polaires, ses aurores boréales et même sa *Jane Shore* ne valent pas, à beaucoup près, le bon gendarme auquel les premières angoisses du mal de mer inspirent des méditations si profondes, ni surtout les deux admirables tuyaux de poêle qui lui servent de bottes.

M. Biard n'a que deux compétiteurs, M. Guillemin qui fait de vrais progrès, mais dont le comique ne sera jamais ni bien varié ni bien incisif, et M. Eugène de Block d'Anvers, nom nouveau, ce nous semble, qui nous a envoyé quelques fruits de son pays. Sa *Kermesse* et son *Intérieur de ferme* sont peints avec une grande facilité et largeur de touche. Il met du caractère dans ses figures, qui ont cependant le tort d'être, en général, d'un type trop bas.

Nous avons parcouru toute l'échelle de la peinture historique et de genre. La liste est longue. Que reste-t-il au fond de ce van dont la critique rejette successivement tant de produits de mauvais aloi ? Quel est le résultat net de l'exposition ? Dans la haute peinture religieuse, un essai fortement suspect et très problématique ; deux ouvrages, distingués sans doute, mais du second ou même du troisième ordre. Dans la haute peinture d'histoire, rien. Dans la peinture de genre, trois dessins et deux tableaux microscopiques.

Sept à huit œuvres surnagent donc à peine, et, sur ces sept ou huit œuvres, il n'en est même que trois ou quatre au plus qui méritent la couronne d'or de l'art. Serons-nous plus heureux dans le reste ? C'est ce qu'un examen prochain nous fera voir.

En attendant, il nous reste à remplir notre promesse à l'égard de l'essai de peinture à fresque de lit. Brémond, essai tout-à-fait digne d'intérêt sous plusieurs rapports, et sur lequel nous ferons quelques réflexions. M. Brémond a donné deux spécimens de peinture à fresque. L'un est un groupe de trois figures drapées représentant les trois arts du dessin ; l'autre est une simple étude de tête d'homme. Ces spécimens sont dans le, salon d'entrée, à côté de la porte et à la hauteur de l'œil. On ne pouvait leur donner une place plus ingrate. La fresque franche exige un jour direct et plein et un certain éloignement. Vu dans des conditions plus favorables, ce morceau aurait moins heurté les yeux peu habitués aux aspérités des peintures murales. Il y aurait peu de justice à juger ces figures comme une véritable composition complètement étudiée. L'artiste ne les a prises probablement que comme un motif. Ce n'est pas pourtant qu'elles soient insignifiantes, car celle de l'*architecture* est d'un dessin fier et d'une grande tournure, mais il s'agit ici surtout du procédé.

Nous regrettons que des critiques de quelque autorité aient accueilli cet essai avec si peu de faveur. M. Brémond n'a pas prétendu sans doute inventer, ni même simplement retrouver la fresque, dont les procédés sont décrits partout, et qu'on pratique même journellement en Italie et ailleurs. Il a voulu seulement apprendre à en faire lui-même, et en proposer l'introduction en France où, quoi qu'on en puisse dire, elle est parfaitement inconnue depuis des siècles. Cela est si vrai, que, lorsque dans ces dernières années la ville de Paris, poussée par on ne sait quelle inspiration d'en haut, a eu l'idée de faire peindre à fresque quelques murs d'églises, elle a été obligée de s'adresser à un badigeonneur piémontais, duquel les artistes chargés de ces travaux on ù appris le peu qu'ils en savent aujourd'hui. La ville a dépensé liait mille francs en simples expériences matérielles. L'art de la fresque n'est donc pas chez nous chose si commune et si vulgaire. En fait, sauf quelques exemples tout récents et presque inconnus encore, déterminés par ces encouragements, nous ne voyons pas qu'on en ait fait usage pour aucun des grands travaux exécutés dans les édifices publics par les plus éminents de nos artistes, qui n'ignorent pas pourtant l'excellence toute spéciale de cette méthode dans la peinture monumentale. Il est donc certain que la fresque est pratiquement tout-à-fait ignorée en France, et que l'essai de M. Brémond est par conséquent, sous ce rapport, nouveau, et mérite d'être remarqué. Nous ajouterons que cet essai n'est pas seulement nouveau, ce qui importerait peu, mais qu'il est utile.

Il n'y a qu'un cri aujourd'hui sur l'abaissement, sur la faiblesse, sur le dévergondage, sur l'anarchie, sur les misères de toutes sortes dont la grande peinture est frappée. Nous avons eu occasion nous-même, ici et ailleurs, de nous associer à ces plaintes. Quel est le remède ? Nous l'avons dit aussi, et d'autres encore l'ont dit avec nous : rendez à la peinture son théâtre primitif, faites-la rentrer dans les temples, dans les palais, dans les monuments publics, donnez-lui des murs, et par ces murs une destination. C'est le plus sûr moyen de l'empêcher de divaguer comme elle le fait maintenant, et de s'épuiser en stériles efforts sans règle, sans direction et sans but. Associez-la à l'architecture, et ne craignez pas que sous la tutelle de cette sévère et inflexible maîtresse elle continue ses folies. Cette forte discipline pratique vaudra mieux pour elle que toutes les leçons et les déclamations de la théorie. Remarquons ce fait, que les plus grandes choses qui soient sorties, en peinture, de la main des hommes, se trouvent sur des murs ; ce sont, sans rappeler les poeciles, les leschés et les temples antiques, les chambres du Vatican, la chapelle Sixtine, la coupole de Parme, le Campo-Santo de Pise. Mais laissons là les temps écoulés ; laissons la Grèce, laissons l'Italie, dont les murs parlent pourtant si haut, mais de trop loin. Nous avons des expériences domestiques toutes fraîches encore. Allez au *salon du roi* de la chambre des députés, et dites si M. Delacroix aurait pu mettre sur une toile, dans soir atelier, les richesses d'invention, d'imagination et de couleur qu'il y a déployées ? Connaissait-on bien M. Delacroix avant d'avoir vu ces peintures, et se connaissait-il bien lui-même avant de les avoir exécutées ? Indépendamment de l'immense surcroît d'énergie et d'ampleur qu'y ont acquis ses qualités éminentes de coloriste, son dessin, son style, ont aussi éprouvé une sorte de transformation. Qu'on se demande si jamais, dans un tableau destiné aux hasards du salon, il eût conçu et trouvé telle ou telle de ces figures couchées du plafond, celle de la *Guerre* par exemple, d'un jet si hardi et si fier, et d'un caractère si original ? Qu'on dise également, pour passer de l'ouvrier à l'œuvre, si ces peintures, en fortifiant le talent de l'artiste et en ajoutant à sa renommée, ne sont pas aussi une véritable conquête pour l'art lui-même ? Sans l'hémicycle de l'école des Beaux-Arts, aurions-nous jamais eu une expression aussi complète et aussi heureuse du talent de M. Delaroche, et aurait-il lui-même poussé si loin ces études sérieuses et profondes qui, sans changer sa manière, l'ont perfectionnée et agrandie ? Et son œuvre elle-même, ainsi attachée à l'édifice dont elle fait désormais partie, dont elle reflète le caractère, dont elle consacre la destination, n'a-t-elle pas une autre signification, une autre influence, une autre valeur artistiques et sociales que telle ou telle toile dont un caprice d'imagination, le hasard, ou, qui pis est, la fantaisie d'un homme ont fourni le sujet, exécutée d'ordinaire sur les exigences du goût régnant, en vue d'une popularité immédiate, et dont la fin dernière est d'aller remplir une place vide dans une galerie, ou même de compléter l'ameublement d'une chambre à coucher ? Enfin, il a fallu qu'il y eût à mettre quelque chose sur le plafond de la salle des monuments étrusques au Louvre, pour que le plus éminent ouvrage de l'art moderne, celui qui renoue le mieux la chaîne des temps du triomphe de l'art, celui qui rend son auteur digne de figurer quelque part après sa mort dans le groupe d'élite de ces autres morts glorieux dont il a si noblement retracé les images, pour que *l'Apothéose d'Homère* fût produite.

Ce n'est certes pas par une rencontre purement fortuite que les trois plus belles créations de notre art contemporain se trouvent être précisément des peintures monumentales, et ce n'est pas davantage par hasard que ces trois ouvrages se trouvent aussi être les chefs-d'œuvre de leurs auteurs. Le hasard n'est pas si conséquent.

On voit par là tout ce qu'on peut attendre pour le progrès de l'art de son association avec l'architecture. C'est en se retrempant à cette antique source que la peinture a si rapidement en Allemagne atteint une hauteur inespérée. On paraît heureusement assez disposé Chez nous à entrer dans cette voie, et il serait facile de faire voir que, hors du salon, il y a aussi en ce moment à Paris une exposition qui vaut bien celle du Louvre.

Si l'on convient de tout cela, si l'on ne peut pas méconnaître l'influence de la peinture monumentale, et si, par conséquent, on souhaite la voir fleurir, s'étendre et porter tous ses fruits, il faudra aussi lui rendre son instrument par excellence, qui est la *fresque*. La fresque est née en même temps que la peinture murale ; elle en est le procédé en quelque sorte naturel. Michel-Ange disait que la fresque était la peinture des hommes, et que celle à l'huile ne convenait qu'aux femmes et aux paresseux. Ces anciens grands modèles de l'art dont il vient d'être parlé sont des fresques. C'est aussi par la restauration de la fresque que les Allemands ont commencé chez eux la restauration de leur art. Et il ne faut pas se figurer que les procédés matériels de l'art soient sans influence sur son développement et son caractère internes. Tous les procédés ne se prêtent pas également à toutes les applications. Suivant qu'ils sont plus ou moins propres à réaliser tel ou tel aspect des choses, à rendre telle ou telle impression de l'artiste, à obéir à tel ou tel caprice de sa main, ils limitent sa puissance dans un sens ou dans un autre, et, en la limitant, la dirigent. Or, la fresque a des difficultés et des qualités spéciales qui ne sont pas celles de l'huile et réciproquement. La fresque, admirablement appropriée à l'expression des éléments fondamentaux de l'art, le contour et la forme, se prête avec moins de facilité à celle de la couleur et surtout de la lumière ; elle deviendrait probablement tout-à-fait rebelle si on voulait lui faire réaliser les effets prestigieux de coloris et de clair-obscur de la peinture à l'huile. Sans l'huile, nous n'aurions peut-être ni Titien, ni Véronèse, ni Rubens, ni Rembrandt, ni Corrège, ou du moins nous ne les aurions pas tout entiers. L'art lui-même serait resté mutilé ; un côté ravissant de la nature nous eût été dérobé, car ces peintres qu'on appelle des coloristes n'ont pas plus créé les couleurs de leurs tableaux, que les statuaires n'ont créé les formes des dieux ; ils n'ont fait que transporter sur la toile ce que leurs yeux, mais leurs yeux seuls, voyaient dans les choses, et ils nous ont ainsi fait jouir avec eux du spectacle de cette belle parure. Mais ce procédé nouveau, précisément à cause de la puissance et de la séduction des effets dont il avait livré le secret à l'art, ne tarda pas à être abusivement exploité. Il tendit à matérialiser la peinture et à en faire un langage pour les yeux plutôt que pour l'esprit ; et comme ce langage était plus populaire, plus animé, plus universel, plus commode que l'autre, il devint universel. La fresque fut dès-lors négligée puis à peu près abandonnée, et avec elle périclitèrent les hautes parties de l'art dont elle est, par sa nature, l'organe privilégié.

La fresque a aussi ses excès ; elle tend à sacrifier la couleur, et, par suite, à mutiler l'art à sa manière. C'est ce qui est arrivé de nos jours aux Allemands. Ce danger, pris absolument, est, à tout prendre, moins grave que l'autre ; il sauve toujours du naufrage ce qu'il y a de meilleur dans l'art. Mais il faut convenir qu'il n'est nullement à redouter en France, et que c'est plutôt de l'excès contraire qu'il faudrait avoir peur. La fresque peut donc être introduite sans inconvénient ; il faut lui abandonner les murs, qui sont sa propriété. Sa rivale sera toujours la plus occupée, et pourra, comme de coutume, venir étaler au salon ses charmes et sa toilette.

Tels sont quelques-uns des motifs qui nous paraissent recommander très particulièrement l'essai de M. Brémond.

Le salon, avons-nous dit, est, de notre temps, une institution nécessaire ; nous en avons donné les raisons. Seulement il peut arriver que, semblable à tant d'autres, elle ne dépasse ou ne fausse son but. Excellente pour mettre le public et les artistes en communication, pour provoquer l'émulation et le travail, en un mot comme moyen de publicité et de concurrence, elle a le grave inconvénient d'activer la production outre mesure, sans la diriger ni la régler. Pour tempérer cet excès d'action, il suffirait peut-être de n'ouvrir le, salon que tous les deux ans ; c'est une expérience qui vaut la peine d'être faite, et dans ces limites nous n'y voyons rien de dangereux. Mais en supposant que cette mesure eût les bons effets qu'on a droit d'en espérer, ce ne serait encore là qu'un résultat négatif. Or, ce qui manque surtout a l'art, à notre époque, c'est une direction, une tendance déterminée. Il s'agite beaucoup sans avancer, ce qui est le propre de toute anarchie. Pour le fixer et le régler, il ne suffit pas de l'endoctriner ; il lui faut avant tout de bons et grands exemples. Or, ces exemples, la peinture monumentale peut seule les donner. C'est donc l'extension de cette peinture et sa plus large application possible qu'il faut désirer, conseiller et prêcher. C'est de là, selon nous, que dépend tout l'avenir de l'art.

Seconde Partie

On a remarqué depuis quelques années un progrès évident dans la peinture de paysage. Ce genre, après nu assez long interrègne, a éprouvé une sorte de renaissance. Une foule de jeunes talents s'y sont produits, et, dans cette branche de l'art du moins, les artistes modernes suivent d'un peu plus près que dans les autres les pas de leurs, devanciers. Ce résultat n'a rien qui doive étonner. Il est conforme à la marche générale de l'art et aux traditions particulières de l'art français. Le paysage, en effet, n'est apparu qu'assez tard dans le développement historique et chronologique de la peinture. On a mis en question si les anciens l'ont connu, et les récits des historiens aussi bien que les monuments tendent à faire adopter la négative. Rien ne prouve que les Grecs et les Romains aient traité le paysage comme une spécialité, directement et pour lui-même à la manière des modernes. Ce n'est qu'incidemment et accessoirement qu'ils ont emprunté aux champs et aux productions de la nature végétale quelques sujets d'imitation. Les murs de Pompéi suffisent pour donner une idée de ce qu'ils faisaient en ce genre. Les anciens ne paraissent pas avoir eu autant que les modernes le sentiment des beautés de la nature ; ils ne s'en sont jamais fait un spectacle à part, et ne l'ont guère considérée que comme la demeure de l'homme et des êtres surnaturels dont ils l'avaient peuplée. En la divinisant au point de polythéiste, ils l'avaient pour ainsi dire incorporée à la forme humaine et transformée en un drame :

Ce n'est plus la vapeur qui produit le tonnerre
C'est Jupiter armé pour effrayer la terre ;
Un orage terrible aux yeux des matelots,
C'est Neptune en courroux qui gourmande les flots ;
Écho n'est plus un son qui dans l'air retentisse,
C'est une nymphe en pleurs qui se plaint de Narcisse.

Telle était la nature des Grecs : un théâtre où ils ne voyaient que les acteurs. Le christianisme mit en fuite toute cette population. Il débarrassa les rivages des fleuves de ces vieillards barbus et couchés sur leur urne, il expulsa des forêts les hamadryades et les sylvains, il permit au soleil de marcher seul dans l'espace sans le secours des coursiers d'Apollon, il ôta à Junon, à Neptune et à Jupiter, le gouvernement de l'atmosphère,

Et chassa les tritons de l'empire des eaux.

La nature dès-lors apparut aux yeux de l'homme telle qu'elle sortit des mains du créateur, animée de son souffle puissant, et pour rencontrer sa gloire. Elle devint immédiatement la propriété de la science et celle de l'art. Le paysage fut possible.

Ce n'est cependant que bien des siècles après cette révolution morale que la peinture s'avisa de reproduire ce ravissant spectacle. A l'origine et pendant la plus belle époque de l'art chrétien, la nature ne joua qu'un rôle secondaire dans les représentations plastiques. La peinture fut alors essentiellement hiératique et historique. Le sentiment religieux, dirigé et fortement maintenu dans une voie déterminée par les formules précises du dogme et les traditions écrites et orales de l'histoire sacrée, trouvait dans ces croyances et dans ces traditions les thèmes de représentations les plus riches, les plus élevés, les plus touchants et les plus frappants. Il s'y circonscrivit exclusivement. Ce monde matériel, d'ailleurs, que nos langues modernes appellent la nature, n'était et ne devait être, dans l'esprit du christianisme primitif, qu'un objet de dédain et même de réprobation. C'est la matière et la chair, c'est-à-dire, en langage théologique, le démon. Les regards du chrétien, toujours dirigés vers les régions du monde spirituel, fuyaient les images des beautés terrestres comme une tentation. Ce sentiment était même si actif dans les premiers temps de la ferveur religieuse, que plusieurs pères, tels que Tertullien, saint Clément d'Alexandrie, Origène, saint Augustin, soutinrent que le Christ avait dû être laid ; et plus tard une prévention analogue fit souvent réprouver les tentatives de l'art lorsqu'il chercha à embellir les types grossiers et sans grace des figures byzantines. Indépendamment de cette cause toute morale qui limitait les applications de l'art à la représentation de la figure humaine, la destination des œuvres, toujours employées à l'ornement des temples et dans un but d'édification, entretenait ces habitudes. Enfin, plus indirectement, les procédés techniques de la peinture, alors bornés à la fresque et à la détrempe, et qui offrent peu de ressources pour les effets de lumière et de clair-obscur, et en général pour produire l'illusion matérielle, contribuèrent peut-être à quelque degré au même résultat. Aussi, chercherait-on en vain dans toutes les peintures exécutées avant Raphaël, et dans celles de Raphaël lui-même, rien qui ressemble à un paysage proprement dit. Ce genre n'a même jamais pénétré dans les écoles romaine et florentine, sauf dans les dernières époques de leur histoire.

C'est à Venise qu'est né le paysage ; c'est là qu'on l'a vu pour la première fois devenir l'objet direct et principal de l'imitation pittoresque, et les êtres animés et l'homme lui-même n'y plus figurer que comme des accessoires ou des commentaires. Il était naturel qu'il se produisît de préférence dans cette école qui, tournée de bonne heure vers le côté matériel de l'art et maniant la couleur avec une force souveraine, cherchait, avant tout, à éblouir et charmer les yeux, et pour qui tous les sujets étaient bons à représenter, pourvu qu'elle y pût faire jouer la puissance de sa main, et tous les objets bons à peindre, pourvu qu'elle pût déployer sur eux l'éclatante et somptueuse parure de sa palette. L'école vénitienne introduisit dans l'art l'éclectisme, qui, ici comme ailleurs, ressemble assez au scepticisme, du moins par ses effets. Elle n'a eu aucun paysagiste spécial et de profession ; mais la plupart de ses maîtres firent des paysages. Le Titien s'y distingua particulièrement, et fut le créateur du genre en Italie. Il le traita dans une manière grande et poétique, qui fut aussi celle de l'école bolonaise tout entière, et surtout des Carraches et du Dominiquin, qui en ont laissé les plus beaux modèles, après lui. Il en fixa le goût et le style, dont l'empreinte est toujours restée depuis, malgré les variations des manières individuelles, dans la peinture de paysage des Italiens. Le Poussin lui-même ne fut, dans un sens général, malgré son originalité, qu'un de ses derniers disciples.

De Venise et de Bologne, le goût du paysage se répandit partout. Les Flamands et les Hollandais s'y attachèrent avec une prédilection marquée, et s'y acquirent de la gloire. Ils y déployèrent toute la finesse de sens, tout le talent d'observation et l'admirable habileté pratique dont ils faisaient preuve dans la peinture de genre. Ils poussèrent l'imitation de la nature au dernier degré de perfection. Chez eux, le paysage devint une spécialité. Plusieurs de leurs grands peintres d'histoire s'y exercèrent. Rubens, qui était aussi, lui, un sceptique, et qui peignait indifféremment tout ce que ses yeux voyaient, en a laissé beaucoup. Ils sont admirables de fougue, d'imagination et d'esprit. Le musée du Louvre en a trois. Les deux plus beaux que nous ayons vus sont ceux du palais Pitti à Florence. Rembrandt aussi en composa et grava bon nombre. Il est à peine besoin de rappeler les noms de Ruysdaël, de Both, de Berchem, de Wynants, de Backuysen, de Cuyp, de Van den Velde, de Paul Potter, de Wouwermans, de Teniers et de vingt autres.

Mais, par un hasard remarquable, c'est en France que la peinture du paysage s'éleva à une hauteur qui nous donne le pas sur toutes les autres écoles. Les deux plus grands paysagistes qui aient paru, le Poussin et Claude Lorrain, étaient Français, et il faut associer au Poussin le Gaspre, son parent et presque son émule. Ces deux maîtres se partagèrent le domaine du paysage dans les deux voies que cet art a toujours parcourues parallèlement, et qui constituent deux écoles, l'école idéaliste ou historique et l'école naturaliste, principalement représentées, la première par les Italiens et les Français, la seconde par les Flamands et les Hollandais.

Ces distinctions n'ont rien de très rigoureux ; entre les points extrêmes qui les marquent, entre le Poussin, par exemple, qui a donné le type le plus élevé et le plus systématique dit paysage idéal, et Wynants ou Berchem, qui offrent celui du paysage agreste ou champêtre (nous nous servons des désignations consacrées), il y a une foule de manières et de styles intermédiaires. Claude Lorrain paraît, dans plusieurs de ses ouvrages, être placé sur la limite. Il était, comme Jean Both, une sorte de Flamand italianisé. Cependant, en le comparant au Poussin, à Titien ou au Dominiquin, on peut, sans trop d'effort, le ranger parmi les naturalistes. Quoique difficile à préciser dans beaucoup de cas, la différence indiquée par ces dénominations est réelle. Il y a certainement deux manières bien opposées de concevoir et de traiter la représentation de la nature dans le paysage, et par conséquent deux écoles de paysagistes. Cette représentation, en effet, peut n'avoir d'autre but qu'une imitation parfaite de la terre et de la mer, avec les accidents de lumière et de coloration que les circonstances des lieux, les saisons, les heures et les phénomènes météorologiques y produisent, et d'autre effet sur le spectateur que les impressions associées d'ordinaire à la vue de la nature même dans ces diverses conditions. Cette imitation comporte plus ou moins de choix, et par conséquent de véritable composition et invention. Elle peut aussi se réduire à n'être qu'une véritable copie d'un site déterminé, et alors le paysage n'est en quelque manière qu'un portrait. C'est ce genre d'imitation qu'ont particulièrement exploité à tous les degrés les Flamands et les Hollandais, et en général les peintres naturalistes. Mais, au lieu de copier simplement la nature, telle qu'elle s'offre à l'observation dans ses accidents habituels, et lui laisser tout l'honneur de l'effet produit, quel qu'il puisse être, l'art peut vouloir l'embellir, l'ennoblir, l'agrandir, lui imposer des formes et un caractère déterminés, en vue d'une certaine impression à produire, en un mot l'idéaliser, c'est-à-dire sortir du réel, sans cependant sortir du possible. Ainsi travaillée et façonnée par l'art, la nature perd, comme imitation, une partie de la vérité matérielle et se soumet aux lois de la vérité poétique. La représentation elle-même est une véritable création, la réalisation d'un objet idéal, fruit de la pensée de l'artiste. C'est sous ce point de vue que les grands maîtres italiens, et le Poussin surtout, ont traité le paysage.

Il importe de répéter que ces distinctions ne se retrouvent pas dans les œuvres des peintres avec la précision méthodique qu'y met la théorie. En fait, il y a simultanément et toujours de l'imitation matérielle, de l'imagination, de l'invention, de l'idéal, dans toute représentation de l'art. On ne peut pas plus copier littéralement la nature que l'inventer. L'artiste y met toujours beaucoup du sien, et c'est avant tout son propre sentiment qu'il nous montre, plutôt que les choses même. Le peintre ne représente que ce qu'il voit, et il ne voit qu'au travers des conditions et des influences de sa propre nature. Pas plus dans le paysage qu'ailleurs, la peinture n'est un simple miroir qui réfléchit les objets ; et, si c'était un miroir, elle ne serait plus de l'art. Même dans le paysage-portrait, la réalité n'est qu'un thème dont le développement est toujours subordonné à la manière de voir et de sentir de l'artiste, qui nous donne la chose non telle qu'elle est, mais telle qu'il l'aperçoit. C'est qu'en effet la réalité a mille faces, mille aspects, tous vrais, tous visibles, suivant le milieu et la position de celui qui la contemple. Mais l'art ne peut en saisir et en fixer qu'un à la fois, et c'est même là sa fonction supérieure de mettre successivement en saillie, avec l'exagération qui est de son essence, quelqu'un de ces aspects qui, confondus pêle-mêle et neutralisés l'un par l'autre dans la réalité, pourraient rester à jamais inconnus ou n'être aperçus, que fortuitement par quelques yeux privilégiés exercés à les chercher, et capables de les discerner. C'est sous ce rapport et seulement ainsi que l'art est l'interprète de la nature. De ces conditions résultent les différences sans nombre des œuvres des paysagistes. Il y a autant de natures que de peintres, bien qu'ils puisent tous à la même source. La nature ne parle pas la même langue, ne rend pas le même son, si l'on nous passe ces images, dans les traductions de l'art. Douce et paisible dans Wynants, triste et tourmentée dans Ruysdaël, riche et éclatante dans Claude Lorrain, grandiose et sublime dans Poussin, élégante et noble dans le Titien, agitée et sombre dans Backuysen, gaie et resplendissante dans Rubens, grave et simple dans J. Vernet, effrayante et sinistre dans Salvator Rosa, elle est tout ce que l'art la fait être. La distinction entre les deux écoles de paysagistes ne doit donc être admise que sous ces restrictions.

Par une singulière fortune, avons-nous dit, c'est la France qui a produit les deux plus grands paysagistes. Ils eurent des imitateurs habiles tels que le Gaspre, leur égal peut-être, Stella, Séb. Bourdon, Patel. Ce sont là de bons précédents. Ils se produisirent au XVIIe siècle, qui fut l'âge d'or du paysage. Après ces maîtres, ce genre déclina avec tous les autres, bien qu'il puisse, à la rigueur, se développer isolément. Le XVIIIe siècle fut très pauvre en paysagistes français. Nous n'y trouvons qu'un grand talent parmi les peintres de marines, celui de J. Vernet. Avec ce maître qui a peu de supérieurs, c'est à peine si on se rappelle quelques noms, tels que ceux des trois Francisque, de Lantara et autres du même rang. La plupart de ces artistes suivirent, en général, les traces de Claude Lorrain et préférablement de Poussin, qui domine l'école française dans tous les genres. Lors de la réforme opérée par David, le paysage se tourna naturellement vers le style héroïque qui était de mode ; Valenciennes en fut le restaurateur par ses peintures et par ses écrits. Nous voyons aujourd'hui, au salon, les derniers restes de son école dans les paysages de MM. Victor Bertin et Bidauld. Cette école tout académique ne produisit rien d'original ; elle opérait artificiellement d'après des théories et des traditions d'atelier ; elle ne s'adressa pas à la nature, qui est le seul bon maître de style comme de tout autre chose. Michallon, qui promettait tant, ne fut qu'une brillante, mais courte apparition.

L'héritage du Poussin, de Cl. Lorrain et du Gaspre n'est pas tombé, comme on voit, en de très bonnes mains depuis deux siècles ; mais, si nous ne sommes dupe de quelque illusion, il nous semble que la génération actuelle est destinée à le faire valoir. Depuis quelques années, ainsi que nous l'avons dit, un mouvement inaccoutumé s'est manifesté dans le paysage, et les talents qui s'y produisent sont à la fois assez forts, assez nombreux et assez variés pour donner déjà plus que des espérances.

Parmi nos paysagistes actuels, M. Aligny est celui de tous qui a cherché avec le plus de sérieux et de décision à renouer la chaîne de l'école idéaliste, dont Poussin est resté le type. Il n'en est pas un qui ait autant de tendance à s'écarter de l'imitation directe et matérielle de la réalité, et à la représenter moins comme il la voit que comme il la conçoit. Cette tendance se montre d'une manière évidente, même dans ses Etudes et Vues d'après nature, qu'il traite en général avec une grande indépendance, et on doit, à plus forte raison, s'attendre à la voir prédominer tout-à-fait dans ses paysages composés. Parmi les contemporains, il est certainement le seul qui fasse, dans un sens rigoureux, des paysages de style, à moins qu'on ne consente à regarder comme tels ceux de MM. Bidauld et J. Victor Bertin, qui n'offrent guère que la parodie du genre. Il y a quelques années, M. Aligny donna dans son Prométhée la première, je crois, et, sans aucun doute, la plus remarquable des compositions qu'il ait exécutées dans ce système. On a vu au précédent salon ses Bergers de Virgile. Cette année, il a exposé, sous le titre d'Hercule combattant l'hydre de Lerne, une œuvre tout-à-fait analogue aux précédentes par la conception, le style et la manière. Le plan général, si l'on peut s'exprimer ainsi, du dernier ouvrage de M. Aligny, a de la grandeur ; il nous place au milieu de la sombre solitude de Lerne, dans le creux d'un vallon lentement parcouru par un ruisseau dont les eaux noires et pesantes semblent se traîner avec peine à travers les replis tortueux du terrain. Au centre et à quelque distance, la vue est bornée par une masse de roches taillées à pic ; tout-à-fait au loin, à l'horizon, on aperçoit la cime fumante d'un volcan. Sur le premier plan, Hercule, la massue levée, attaque le dragon aux sept têtes, qui s'élance de sa caverne. A droite et à gauche, des arbres gigantesques étendent leur grande ombre sur le lieu de la scène. L'air est tout-à-fait calme ; les rayons du soleil, interceptés et brisés en partie par quelques légers nuages, ne jettent qu'un jour inégal sur les premiers plans, tandis qu'ils dorent d'une vive lueur les montagnes du fond et le sommet des masses rocheuses du centre. Le but de l'artiste a été évidemment de nous donner dans sa sauvage grandeur le spectacle de cette terre primitive, à peine foulée par les premiers pas de l'homme obligé d'en faire la conquête sur les monstres qui en sont encore les seuls souverains. Tout est ici emprunté à la pure imagination ; nous sommes dans le monde entièrement idéal du mythe et de la poésie ; l'impression que nous devons en attendre n'est pas celle qui résulterait de l'imitation plus ou moins habile d'un aspect quelconque de la nature et de ses apparences visibles habituelles, mais une impression morale correspondante à la pensée qui a présidé à la conception du sujet ; non une simple sensation, mais une idée. Telle a été sans aucun doute l'intention de M. Aligny.

L'effet de cette peinture ainsi considérée ne réalise peut-être pas pleinement le but de l'artiste. Ce n'est pas qu'elle n'offre, comme composition et comme exécution, de très belles qualités ; mais il est à craindre qu'en cherchant l'idéal, M. Aligny ne le dépasse pour arriver au conventionnel, ce qui est bien différent. Nous ne croyons pas qu'il soit décidément tombé dans cette dernière et fâcheuse, alternative ; disons seulement qu'il y touche. Le système prédomine dans sa peinture, et principalement dans l'exécution. Nous admettons le système chez l'artiste, pourvu qu'il ne passe pas dans son ouvrage. Il ne nous appartient pas de donner des conseils à un talent si élevé et si mûr ; mais des observations sont permises, et c'est plutôt sous cette forme que sous celle d'une critique que nous lui soumettons ces remarques générales. Dans le détail, nous aurions à louer la belle disposition du massif d'arbres de droite avec l'échappée de vue dans un horizon lointain au-dessous de leurs hautes arcades, le dessin savant de ceux de gauche, dont les rameaux vigoureux, se projetant, en masses épaisses, s'inclinent majestueusement à leur extrémité sous leur propre poids ; les terrains sont traités aussi avec beaucoup de largeur. C'est dans le mode d'exécution, dans le faire proprement dit, que nous trouverions trop de traces des procédés systématiques et pas assez d'emprunts à la nature, même au point de vue idéal. Le ton général est sévère, trop sévère, car il approche de la monotonie. Les arbres du fond de la vallée sont du même ton et de la même forme que les rochers sur lesquels ils appuient, et on a de la peine à les en distinguer. En somme, si dans ce nouvel essai de paysage héroïque M. Aligny n'a pas complètement atteint le but qu'il poursuit et ne s'est pas égalé lui-même, son œuvre conserve toujours son rang. Il se peut qu'il se soit trompé, mais ce genre d'erreur n'est pas à la portée du commun des artistes. L'étendue de ces observations lui prouvera que nos restrictions à l'égard de son dernier ouvrage ne s'étendent pas jusqu'à son talent, qui peut errer, mais non s'abaisser.

La tendance de M. Édouard Bertin a de l'analogie avec celle de M. Aligny, quoiqu'il ne procède pas de la même manière. C'est la même recherche de la grandeur dans l'effet moral, dans le style et dans l'exécution. Seulement l'un s'inspire plus volontiers de la Bible, et l'autre de la mythologie. *La Tentation du Christ* de M. Édouard Bertin a, selon nous, comme composition, le défaut de vouloir être tout à la fois un tableau d'histoire et un paysage, et, comme elle n'est qu'à demi chacune de ces choses, l'effet total manque de décision et d'unité. En effet, si l'on ôte les figures du Christ et de Satan, il ne reste qu'une belle masse de rochers d'une touche large et d'un grand caractère de dessin, mais qui ressemble assez à un fragment détaché de composition qu'on aurait agrandi en tous sens pour qu'il suffit seul à remplir la toile ; et si l'on fait abstraction de ce morceau de montagne, il ne reste que deux figures trop petites et trop éloignées de l'œil pour jouer avec convenance un premier rôle. Mais si l'on prend son parti sur ce point, et si on considère ce paysage uniquement comme peinture, on ne pourra qu'en admirer la large et belle exécution. Le ton général a paru gris, et il l'est en effet ; mais y a-t-il beaucoup de maîtres, même parmi les meilleurs, qui n'aient un ton dominant ? Ce ton est dans le, faire d'un artiste ce qu'est l'accent dans le langage. Il suffit qu'il ne soit pas choquant.

La route de M. Calame est tout autre. Ses précédents sont en Hollande et en Flandre, mais il a une manière propre, une exécution savante, adroite et pleine de séduction. Son grand paysage de cette année est une page de marque. On était un peu blasé sur ses glaciers, ses sapins, ses tourmentes de neige, fantasmagorie alpestre dont il commençait à abuser. Son site, réel ou plus ou moins composé, est fort simple comme motifs, comme lignes et comme plan. A droite, une chaîne de montagnes se développe en profondeur et va se perdre à l'horizon ; sur la gauche s'élève un massif d'arbres de haute futaie, grandement plantés, et de la même souche évidemment que le chêne de la fable,

   Celui de qui la tête au ciel était voisine,
Et dont les pieds touchaient à l'empire des morts.

C'est dans le ciel que se trouvent l'invention et l'effet. L'orage est dans sa force, la pluie tombe à torrents, quelques nuages dispersés errent çà et là par flocons dans les hautes régions de l'atmosphère, tandis qu'une masse plus compacte, sombre, ténébreuse, noirâtre, refoulée par le vent, s'est condensée à gauche derrière le bois. Ce bouleversement de la tempête est rendu avec beaucoup de vigueur. Les robustes branches de ces grands arbres s'inclinent et se plient en tous sens sous l'effort du vent ; leur feuillage est bien tourmenté ; le mouvement particulier de rotation et de tourbillon que le vent d'orage imprime aux feuilles est admirablement rendu. La terre est inondée, l'eau y ruisselle de toutes parts. Un homme surpris par le mauvais temps hâte sa marche et lutte de son mieux contre la tempête. Il y a beaucoup de métier dans cette peinture, mais c'est un métier fort habile et fort attrayant. Nous remarquerons en passant que nos peintres de paysage n'abordent que très rarement l'imitation de ces grands phénomènes atmosphériques si familiers aux artistes flamands et hollandais.

Il serait difficile de trouver dans la hiérarchie du paysage la vraie place de M. Corot, et il importe peu de s'en enquérir. C'est un talent aimable et naïf qui ne cherche ni à imposer ni à surprendre l'admiration, et qui, en demandant peu, obtient beaucoup. Il n'y a guère d'artistes qui n'aient plus d'habileté ou d'industrie pratique, et ne puissent se servir plus adroitement de leur brosse ; mais il en est aussi très peu qui, avec tout le métier possible, sachent exprimer avec autant de charme et d'abandon ce qu'ils voient et sentent dans la nature. Son site d'Italie nous montre un terrain montueux fortement accidenté, semé de gros quartiers de rochers qui ne doivent leur place qu'aux hasards de la chute qui les y a amenés. Sur divers points, des arbres qui ont poussé à l'aventure, élèvent leurs tiges droites et élancées ; quelques petites fleurs jaunes, les plus modestes de la botanique, sourient timidement çà et là au milieu des broussailles. L'heure du jour n'est pas bien marquée. Le temps est gris ou paraît tel ; l'atmosphère est tranquille. C'est le calme de la solitude. Sur le devant, un pâtre en appelle un autre qu'on voit dans l'éloignement à côté d'un rocher ; à l'effort qu'il fait pour crier et à l'action de sa main placée en entonnoir sur sa bouche, on sent qu'il y a loin.

On pourrait désirer plus de variété et de vigueur dans le ton général, qui est gris et triste, plus de soin dans le dessin, une exécution moins négligée ; mais ce qui est exprimé dans la peinture l'est si bien, qu'on ne s'aperçoit qu'assez tard de ce qui y manque. Cette maladresse, d'ailleurs, a quelque chose d'ingénu qui désarme. Le *Verger* (effet du matin), de M. Corot, est une petite vue de l'âge d'or, une charmante idylle. A droite, des rochers élevés sur le flanc desquels montent les touffes épaisses d'une abondante végétation ; au centre, à gauche, partout, aussi loin que s'étend la vue, de beaux arbres fruitiers et autres entremêlent leurs riches rameaux. C'est la campagne sous son aspect le plus riant, le séjour du bonheur, de la paix et de l'innocence.

Là ni loups ravisseurs, ni serpents , ni poisons.

Trois petites filles nues ou à peu près sont occupées à dépouiller de ses fruits un magnifique pommier. La plus hardie a grimpé sur l'arbre qu'elle tient embrassé, et, suspendue à un de ses bras, elle se penche pour donner aux deux autres les pommes qu'elle détache. La plus jeune, ou du moins la plus petite, s'exhausse sur la pointe des pieds et élève ses mains pour les saisir ; l'autre trouve plus de plaisir à les voir tomber dans sa corbeille. Ces figures sont dessinées comme il a plu à Dieu ; mais elles ont tant de grâce enfantine, de naïveté et d'aimable innocence, qu'on ne peut les quereller pour quelques fautes d'orthographe. L'air circule partout ; au-dessus et au-delà des arbres, on sent l'espace. Les massifs de verdure, à droite, à demi baignés dans les vapeurs du matin, et argentés par les premiers feux du soleil levant, sont d'une finesse et d'une légèreté de tons particulièrement remarquables.

M. Corot aurait beaucoup à apprendre pour corriger les imperfections -de ses ouvrages, et il n'est pas probable qu'il y réussisse, si toutefois même il y songe. Il a le sentiment délicat et naïf de la nature, une imagination poétique ; mais, avec ces rares qualités, on doit craindre qu'il ne reste en chemin. Il lui manque beaucoup de ce qui fait les trois quarts de la valeur des œuvres d'art, l'exécution.

Ces deux charmants paysages de M. Corot sont obscurément cachés, l'un dans la galerie de bois, l'autre (le verger) dans cette portion redoutée de la galerie que les artistes appellent les *catacombes* !

On sait que, dans l'opinion du public, le salon carré est la place d'honneur ; il n'admire avec pleine sûreté de conscience que les ouvrages qui se présentent à lui avec cette recommandation. Ces places sont des certificats de mérite. Cette année, le hasard, qui en est le distributeur, a fait de singuliers quiproquos à l'égard des paysagistes. Il a mis M. Corot dans les catacombes, et il a installé aux deux ou trois plus beaux endroits M. Wattelet, dont la *Fuite en Égypte* et la *Vue d'Allevare* (Isère) sont tout ce qu'on peut souhaiter de plus commun comme composition et comme goût, et d'une exécution toute mécanique. Il y a mis le *Roland furieux* de M. J. Victor Bertin et la *Vue de la cascade de San-Cosimato* de M. Bidauld, œuvres d'une insipidité toute classique. Il a particulièrement favorisé le grand paysage à figures de M. Humbert, pastiche hollandais, verni, poli et luisant comme un meuble neuf ; ouvrage inférieur au talent même de l'artiste, dont le *Repos* (groupe d'animaux et de figures) de la salle d'entrée a, comme lumière et perspective aérienne, des parties estimables. Il a eu la même prédilection pour le *Souvenir de Suède* de M. Wickenberg, qui sait incontestablement très bien imiter la glace, mais dont la manière minutieuse, la touche léchée et froide ne justifient pas suffisamment cette distinction.

J'en passe et des meilleurs, car il faut s'arrêter. Le hasard aurait été plus approuvé, si, à la place de ces toiles, il eût rencontré, par exemple, la *Vue d'Auvergne* de M. Gaspard Lacroix, peinture fine, gracieuse et élégante ; les fonds surtout sont, comme forme et comme, couleur, d'une grande délicatesse, doux, transparents et lumineux. Cet artiste a dépassé ses premiers débuts, et on peut espérer beaucoup plus encore. Son exécution est un composé de force et de grâce plein de séduction et d'attrait. Nous lui souhaitons pour l'an prochain la rencontre d'un heureux sujet, où elle puisse se déployer avec pleine réussite. Quelques autres talents auraient mérité aussi, soit comme débuts, soit comme progrès, l'encouragement de ce privilège, notamment M. Français, avec son *Chemin*, d'une exécution fort inégale, mais d'un sentiment juste et vrai ; M. Charles Leroux qui, dans son *Allée d'ormes*, son *Vallon* et son *Marais*, fait preuve d'une vigueur de touche et de ton peu commune, quoiqu'il ne sache pas la régler et la prodigue partout, défaut dont l'expérience le corrigera sans doute ; M. Loubon, pour son *Abreuvoir* (bords de rivière en Provence), d'une grande vérité locale et tout-à-fait agreste ; M. Chevandier, dont le *Ruisseau dans la campagne de Rome* nous rappelle avec succès la manière de M. Marilhat, mais pas assez cependant pour nous consoler de l'absence de ce paysagiste éminent. Même remarque pour les deux paysages de M. Menn. Privés que nous sommes aussi de M. Paul Flandrin, nous devons prendre comme indemnité la *Vue de la grotte de la nymphe Égérie* de M. Desgoffes, qui suit d'assez près ses traces. Nous avons cherché en vain pour M. Cabat et M. Jules Dupré des substituts acceptables.

Les yeux du public sont si familiarisés avec la manière de quelques exposants infatigables, et la critique a eu si souvent occasion d'en parler, qu'elle ne trouve plus guère à dire sur leur compte. Tels sont MM. Lapito, Jolivard, Coignet, Ricois, Mme Empis et M. Giroux. Ce dernier faiblit notablement.

M. Hostein, quoique aussi connu que les précédents, s'est distingué cette année par le nombre de ses productions et par le mérite de quelques-unes. Sa *Rivière ombragée d'arbres* (n° 966) est un des morceaux capitaux de l'œuvre déjà si considérable de cet artiste, et un des plus remarquables paysages du salon. Les *Baigneuses* de M. Troyon offrent l'exagération des qualités de ce peintre, l'abus de la force ; les tons noirs y dominent, et, manquant de transparence, sur plusieurs points ils font presque tache. Il y a du caractère cependant dans le dessin de ces grands arbres séculaires.

Réservons une mention plus spéciale pour trois ou quatre toiles. Et d'abord les deux *paysages avec animaux* de M. Brascassat. Sauf un peu de mollesse dans la manière de traiter les terrains, et je ne sais quelle pâleur fade du ton général qui tournerait volontiers au faux, ces deux morceaux sont dignes des précéderas. Ils ont cependant le tort de leur ressembler beaucoup sous le rapport de la composition. Le taureau et la vache du grand salon ne diffèrent pas assez de taille et d'anatomie pour être facilement distingués. En outre ils ont l'un et l'autre la même valeur de ton, quoique placés sur des plans différents. La réunion de quatre jambes placées comme des pieux sur la même ligne, à égale distance, et, par une faute de perspective, en apparence sur le même plan, n'est pas heureuse. Nous remarquons les défauts, les qualités étant plus connues.

Il y a à signaler un début brillant, celui de M. Théophile Blanchard, un des derniers lauréats de l'École des Beaux-Arts. Son *Intérieur de forêt* (grand salon) offre de belles masses d'arbres ingénieusement agencées et variées avec beaucoup d'imagination. La lumière joue partout avec liberté, et détermine des accidents piquants sans recherche ni papillotage ; les fonds ont de la profondeur. Dans les détails, la touche est encore indécise et ne saisit rien assez fortement. M. Blanchard a besoin de s'attacher strictement à la nature ; il tomberait facilement dans la fantaisie et le conventionnel. Cette tendance est déjà écrite sur sa première toile.

Dans la *Vue de la villa d'Este*, de M. Labouère, les hauts cyprès de droite sont d'un grand dessin et d'une belle tournure. Les grands pins à parasol du milieu ont de la vérité dans la forme et le port, mais une raideur exagérée. Ce défaut est général. Cette nature est un peu celle de l'Opéra ; elle a trop la symétrie, l'aspect découpé, l'immobilité du carton, et la lumière ressemble un peu à un éclairage. M. Labouère a abusé de la transparence et de la pureté du ciel romain qui laisse voir en effet le contour des objets avec netteté, mais sans les isoler pourtant à ce point. Dans la nature, il y a partout du clair-obscur. Malgré ces exagérations, cette vue est un morceau fort estimable. La *Source*, de M. Célestin Nanteuil, n'est peut-être pas un paysage. Cependant, comme il y a du feuillage et de l'eau, elle peut figurer sous ce nom. C'est, du reste, une peinture de caprice, d'un goût peu châtié, d'une composition fantasque, mais dont les détails sont ingénieusement exécutés. La figure est la disgrâce même.

La peinture de *fruits et de fleurs* est une annexe du paysage. Ce sont les dames qui en ont naturellement le monopole. Nous envelopperons tous ces petits ouvrages de leurs mains délicates sous un éloge général. Il n'y a aucune raison de louer les autres artistes en ce genre. Nous ne ferons qu'une exception en faveur de M. Saint-Jean, qui, sous le titre singulier d'une *Tête du Christ entourée de emblèmes eucharistiques*, nous a donné une magnifique guirlande de raisins, d'épis de blé et de pampres, dessinés et peints avec un rare talent.

Les *marines* ne nous retiendront pas beaucoup. Ce genre est pauvre ; les mêmes noms reviennent toujours, celui de M. Gudin en tête. Sa fécondité dépasse toute imagination. Il a, cette année, dix tableaux à l'exposition dont plusieurs de grande dimension. Le plus important, au moins sous ce dernier rapport, est *l'Abordage*, du grand' salon. On y trouve toutes les qualités brillantes de ce maître, dont la manière, en quelque sorte stéréotypée, ne paraît devoir jamais ni se perfectionner, ni faiblir, ni changer. L'élégance, la distinction, la finesse, y dominent ; la profondeur, soit de l'observation, soit de l'imagination, y manque. C'est un talent facile, brillant, fertile en ressources, très intelligent, plein de goût, mais au fond un peu superficiel. Son *Abordage*, quoique plein de vie et d'action, en dépit des morts et des mourants, malgré l'aspect de ces gouffres mouvants ouverts sous le champ de bataille, ne fait pas cependant beaucoup de peur. On dirait que l'affaire n'est pas sérieuse, et que ce n'est qu'un combat pour rire. Telle est du moins l'impression. Le *Bombardement de Tripoli* est un véritable feu d'artifice. Sa *Vue de la côte de Carthagène* est d'un effet de meilleur aloi : la mer s'y déroule bien avec sa majestueuse monotonie. C'est celle de ses marines que nous préférerions.

L'Embarquement du cercueil de Napoléon sur la Belle-Poule, de M. Eug. Isabey, est une scène historique plutôt qu'une marine. L'effet en est grave, solennel et religieux. Le corps de la frégate et tous les accessoires sont exécutés avec beaucoup de science et de vigueur. La *Vue de Dieppe*, du même artiste, n'est pas aussi satisfaisante, quoique peinte avec facilité et hardiesse. La meilleure partie est la mer, dont la surface, fouettée par un fort vent, commence à moutonner ; les vagues blanchissent au loin et scintillent à leur cime. Cet aspect si fréquent de la mer est admirablement saisi. Le ciel est moins bien réussi. On dirait que l'artiste, ne pouvant venir à bout de donner à ses nuages le sentiment, qu'il cherchait, s'est décidé à les tourmenter au hasard, laissant au caprice de sa brosse la responsabilité du résultat. Les derniers plans ont la même valeur de ton que les seconds, et les seconds que les premiers. En somme pourtant, l'effet général de cette vue est très piquant, et tel qu'on pouvait l'attendre d'une main si habile.

Après ces deux maîtres vient la foule, assez clair semée, il est vrai, dont on peut tirer quelques noms. La grande marine de Y. Louis Mayer, les *Bateaux pêcheurs normands*, a quelques belles parties dans les eaux comme imitation ; mais sa manière, un peu trop mêlée de celles de MM. Gudin et Mozin, n'a rien d'original. Dans son *Incendie en mer*, les flammes et la fumée sont traitées comme les vagues ; elles ont absolument la même forme, le même mouvement, le même ton. MM. Lepoittevin et Mozin ont fait plutôt des paysages maritimes que des marines. On n'a rien de nouveau à apprendre sur ces talents estimables. M. Morel Fatio a peint une mer incompréhensible dans son *Combat d'Algésiras*. Il se peut qu'elle soit vraie, mais elle n'est pas vraisemblable, et encore moins agréable. On préférera son *Port d'Amsterdam*, fin et doux de ton, et intéressant d'ailleurs comme description historique. La *Vue des environs de Marseille*, par M. Barry, et la *Pêche dans le golfe de Nice*, de M. Émeric, méritent également d'être distinguées : dans cette dernière, les eaux sont étudiées et rendues avec un grand sentiment de vérité ; la barque balance bien, l'effet général est pittoresque. Il y a aussi quelques marines à l'aquarelle. Celles de MM. J. et Will. Callow ont tout le prestige des procédés artificiels qu'exploitent si adroitement les mains anglaises. Il y a pourtant du talent réel. Celles de M. Héroult offrent aussi quelques traces de ces méthodes, destinées à produire une illusion de première vue ; mais il n'en a pas besoin. Parmi ses six dessins, nous avons remarqué particulièrement la *Mer agitée* et le *Clair de lune*. Nous ne croyons pas qu'avec l'aquarelle on puisse obtenir des effets plus vigoureux et une imitation plus vraie.

Passons aux *portraits*. On les compte par centaines, comme de coutume. Nous eûmes occasion de remarquer déjà l'an dernier, à pareille époque, que ce genre, considéré comme spécialité, était nécessairement dévolu, sauf quelques très rares exceptions, aux talents médiocres, et que sa culture exclusive avait, en outre, pour effet inévitable d'engendrer chez les artistes les mieux doués d'ailleurs des habitudes mécaniques de métier et de pure routine. Nous donnâmes en même temps les raisons de ce double fait. Nous ne rappelons cette opinion que pour justifier la brièveté de nos remarques sur les portraits exposés cette année. Quel intérêt peut inspirer, en effet, une cinquantième ou soixantième édition d'un portrait Dubuff, par exemple, d'un portrait Mirbel, d'un portrait Rouget, Rouillard, ou de tel autre praticien en ce genre ? Lorsqu'un nouveau venu se présente, il y a un mouvement de curiosité ; on admire, on censure, on discute cette nouvelle manière ; on y revient l'année d'après, mais plus froidement. Après la quatrième ou cinquième expérience, on n'en veut plus et on a raison. Les plus habiles ne peuvent échapper à cette déconvenue. Pour en citer un parmi les plus distingués, M. Amaury Duval n'en est-il déjà pas arrivé là ? Son dessin précis, son modelé minutieux, son style réservé, ou, si l'on veut, sévère, plurent beaucoup à ses débuts. L'engouement baissa l'année d'après ; et, aujourd'hui, qu'est-ce qu'on en pense ? N'est-il pas évident qu'il subit le sort de ses confrères portraitistes ? Les traces du métier ne sont-elles pas déjà évidentes dans son portrait de femme (grand salon), particulièrement dans l'exécution des cheveux et des étoffes ? La recette de l'exécution étant connue, il ne reste plus à un portrait aucune sorte d'attrait, car le sujet par lui-même ne fournit rien à l'invention, à l'imagination, à la pensée de l'artiste. Aussi, M. J.-B. Guignet paraît-il n'avoir pas eu grand'peine, cette année, à attirer l'attention du public ; il doit cette faveur un peu à son talent et beaucoup au piquant de la nouveauté. Il a huit portraits exposés ; c'est trop, car le huitième qu'on voit ne plaît déjà plus autant que le premier. Nous en citerons deux seulement, celui de M. Pradier, et un autre en pied, d'homme également, dans la première travée de la galerie. Ils sont l'un et l'autre d'une exécution à la fois facile et solide ; les têtes ont du relief, le modelé est bien accentué, les extrémités sont étudiées avec soin et traitées avec fermeté, les étoffes et accessoires convenablement rendus, l'ensemble de la figure a de la tournure et presque du caractère. Nous verrons l'an prochain ce qu'il adviendra de ce nouveau style.

M. Winterhalter, après le *Décaméron*, se jeta tout d'un coup dans le portrait et y est resté. Il y a bien du clinquant et du fard dans sa peinture, mais le véritable art y conserve encore une place. Ses portraits sont un peu conçus dans le goût anglais ; son imagination de peintre se trouvant trop resserrée dans les limites de la seule figure du modèle, elle en sort autant qu'elle peut et se déverse sur les accessoires, les vêtements, les fonds, sur tout ce qui lui tombe sous la main ; ses portraits deviennent ainsi presque des tableaux.

Le portrait lui-même y perd un peu, car il est en partie sacrifié à l'effet de l'ensemble ; mais l'art et l'artiste surtout y gagnent. Des trois portraits exposés par M. Winterhalter, celui de la reine est le plus sobre d'appareil pittoresque et le meilleur comme portrait. La jolie petite tête du comte de Paris, dont les joues rebondies ont la rondeur, la fraîcheur et l'éclat de la pomme, est un peu trop absorbée par ce beau chapeau de satin blanc tout neuf et la superbe plume qui y est attachée. Dans le portrait de Mme la comtesse Duchâtel et de son fils, il y avait à vaincre l'effet ingrat et prosaïque du costume contemporain, si sensible surtout dans les figures en pied et de grandeur naturelle ; pour esquiver la difficulté, l'artiste a plongé le principal personnage dans les vapeurs et les lignes d'un ciel nuageux. M. Winterhalter est assez heureux en modèles, à en juger par la plupart des portraits qu'il montre au salon. De bien moins habiles que lui profitent de ces bonnes rencontres pour faire regarder leur toile. C'est ce qui est arrivé à M. Dubuffe, avec son portrait de femme du grand salon ; l'original indemnise de la copie.

Il y a de la distinction, du goût et beaucoup d'étude dans le portrait de femme, de M. Mottez. La pose est d'une simplicité élégante, la robe noire artistement touchée. Il y a quelques détails heureux dans un autre portrait de femme, de M. Cornu, placé à côté du précédent. Les mains sont finement dessinées ; le ton général manque un peu de ressort.

Les portraits en pied du roi, par M. de Rudder, et de l'amiral Roussin, par M. Larivière, diffèrent assez par le ton et la couleur, mais ils se ressemblent par l'absence de qualités d'exécution assez originales ou assez fortes pour donner une valeur artistique à un portrait. M. Eugène Devéria a fait une bien malheureuse rentrée au salon, avec son portrait de femme dans lequel on ne peut rien louer. Cet artiste, du reste, semble s'être complètement épuisé dans sa première œuvre, déjà si ancienne, la *Naissance de Henri IV*. Il en est arrivé à peu près autant à M. Court, qui nous donna aussi son talent d'un seul coup et tout à la fois dans sa *Mort de César*. Par quelle étonnante aberration de sentiment et de goût cet artiste en est-il venu à produire des œuvres comme sa *Baigneuse algérienne* et son portrait de femme assise ?

Avant de descendre à la salle des marbres, des bronzes et des plâtres, la petite galerie d'Apollon nous offre à citer quelques productions du burin et de la pointe. Depuis que les graveurs ont cessé d'inventer et de composer eux-mêmes leurs ouvrages, comme firent jadis tant d'excellents maîtres d'Italie, d'Allemagne et de France, pour se borner au rôle exclusif de traducteurs, cet art s'est amoindri. L'exécution a perdu cette originalité et cette variété qu'elle acquérait entre des mains conduites par un sentiment libre et spontané ; elle est devenue de plus en plus mécanique. Ses procédés se sont systématisés et régularisés au point de n'exiger pour leur bonne application que le degré d'adresse et de patience nécessaire dans tout travail de précision et de délicatesse manuelles. La gravure s'est perfectionnée sans doute comme instrument de copie et de, reproduction, mais elle a perdu de sa valeur comme art spécial et indépendant. Elle n'essaie plus que très rarement, parmi nous du moins, de se faire valoir par elle-même et par ses seules ressources ; elle ne se montre que comme l'humble servante d'une pensée étrangère, devant laquelle elle abdique, autant qu'il lui est possible, son individualité, sa perfection comme copie consistant précisément à s'effacer complètement au profit de son modèle. Cependant, malgré l'abnégation à laquelle la gravure se résigne, elle est et sera toujours un art libéral. Le sentiment et le goût du graveur interviennent nécessairement dans son travail, qui doit reproduire, pour être exact, le dessin, le caractère, le style, et même, à, quelque degré, la couleur de l'original : imitation difficile, qui réclame un talent et une science d'artiste. Nous comprenons dans ces remarques la lithographie, bien qu'elles ne s'y appliquent pas de tout point.

Cet art n'a rien fourni cette année de bien important. En suivant l'ordre alphabétique, nous trouvons d'abord quelques paysages originaux gravés à l'eau forte par M. Bléry, d'une pointe assez fine, mais qui, s'appuyant partout avec le même degré de force, ne fait pas leur part suffisante à l'ombre et à la lumière ; d'où l'uniformité de ton, la confusion des plans et le manque d'effet. M. Calamatta a deux petits portraits, celui de M. Molé, d'après M. Ingres, et de Mme Sand, d'après nature, d'un dessin précis, d'un modelé solide et d'un beau burin. La *Vision d'Ézéchiel*, d'après Raphaël, par M. Eichens, ne saurait tenir lieu de l'ancienne estampe de Poilly ni de celle plus récente de Longhi. En traduisant la *Joconde* de Léonard de Vinci, M. Fauchery a un peu alourdi la grâce incomparable du modèle. Les mains, les plus belles peut-être qui aient jamais été peintes, sont plus fortes et plus pesantes que celles de l'original. M. Henriquel, auquel les peintres contemporains doivent déjà tant, a eu l'idée de graver le *Christ consolateur*, de M. Ary Schœffer ; il y a mis une grande sobriété de burin, et donné à peu près la même valeur de ton à toutes les figures. L'effet est ainsi plus sévère, mais l'estampe paraît un peu blafarde. Le portrait de Napoléon, d'après M. Delaroche, par M. Louis, a de la tournure et de l'effet, ce qu'il faut surtout attribuer au peintre ; le travail de la gravure est, du reste, consciencieux et habile. Nous préférerions à ce portrait celui du Pérugin, gravé par M. Martinet. Nous y trouvons plus d'indépendance dans le maniement du burin, et une manière plus originale de rendre les chairs, les étoffes et les cheveux. C'est un pendant très convenable pour le beau portrait de Rembrandt du même graveur. Les estampes de M. Prévost, d'après Léopold Robert, sont si connues, qu'il suffit de mentionner l'apparition de la quatrième, l'*Improvisateur napolitain*.

Le morceau capital de la gravure est venu de l'Allemagne ; c'est une madone de M. Steinla, d'après Holbein le jeune. Les Allemands ont, dans ces derniers temps, essayé de restaurer, dans la gravure, les anciennes traditions de leurs vieux maîtres, dont ils ont reproduit plus ou moins exactement la manière. Il y a quelques traces de ces souvenirs dans l'estampe de M. Steinla, qui, entre autres qualités, a celle d'épargner à l'œil le maussade aspect de ces tailles symétriques alignées en orbes concentriques, en spirales, en carreaux géométriquement décroissants, si fatigantes dans les gravures de notre école depuis Bervick.

En *lithographie*, il n'y a que sept exposants. On peut citer les deux figures du *Christ* et de la *Vierge*, de M. Sudre, d'après M. Ingres. Celle de la Vierge, malgré quelques analogies, n'est pas celle du tableau qu'on a vu récemment dans l'atelier de ce maître ; c'est, sauf erreur, la reproduction d'un dessin de même grandeur existant à Paris dans le cabinet d'un amateur. L'original de la tête du Christ nous est inconnu.

Les dessins d'*architecture* ne consistent, pour la plupart, qu'en de vastes projets de monuments, avec ; plans, élévations, coupes, cotes et détails. De tels ouvrages ne peuvent être jugés sur un simple coup d'oeil, et n'offrent un véritable intérêt qu'aux gens de l'art.

Nous déclinons la responsabilité de toute censure ou de tout éloge à l'égard de ces œuvres et de leurs auteurs. Nous ne citerons, comme appartenant de plus près à notre domaine, que la *Restauration dit temple d'Erecthée*, à Athènes, par M. Travers. Sans nous faire juge d'un travail qui a dû coûter bien des recherches archéologiques à son auteur, nous doutons que l'usage excessif qu'il a fait des couleurs soit appuyé sur des autorités d'une authenticité suffisante, et acceptable dans l'état des connaissances acquises jusqu'ici sur l'architecture polychrôme des Grecs.

SCULPTURE. — Sur les deux mille cent-vingt-un ouvrages d'art exposés cette année, il y a mille neuf cent quatre-vingt-trois tableaux, dessins ou gravures, et cent trente-huit morceaux de sculpture seulement ; la sculpture y est donc, à la peinture, dans le rapport à peu près de un à quatorze. Ce chiffre représente le degré relatif d'intérêt et de faveur qu'on accorde en France à ces deux branches de l'art. Cette énorme disproportion tient sans doute, pour une bonne part, à des causes matérielles trop évidentes pour être expliquées ici ; mais l'indifférence du public n'y est pas étrangère. La statuaire n'a jamais été bien populaire en France, excepté toutefois pendant le moyen-âge, époque, à la vérité, où elle n'était guère qu'un auxiliaire, de l'architecture qui en employait alors beaucoup, soit pour l'ornement des églises, soit pour la décoration des tombeaux. On peut même assurer ; et des recherches exactes l'ont bien prouvé, qu'il s'est fait beaucoup plus de sculpture en France, durant cette longue période appelée de barbarie, du VIIIe au XVIe siècle, qu'il ne s'en est fait depuis. Jean Cousin, qui passe pour le fondateur de notre école en sculpture comme en peinture, avait eu plus de maîtres qu'il n'a eu de disciples. Au XVIe siècle, l'art commença à abandonner l'église et le peuple, et devint l'hôte des cours. C'est la colonie d'artistes florentins appelés par François Ier qui donna le ton à notre sculpture de la renaissance ; les œuvres de Jean Goujon, de J. Bullant, de Bontemps, de G. Pilon, de B. Prieur, de Guillain et des frères Anguier, en portent la marque. Ce moment fut brillant, mais assez court. Ce ne fut qu'une sorte d'épisode dans l'art français. Bientôt après, en effet, la décadence de la sculpture entre les mains des successeurs de Michel-Ange eut immédiatement son contrecoup chez nous, et, en même temps que le goût se corrompait chez nos artistes, l'art lui-même ne savait plus rien dire au public qui pût l'intéresser. Il y eut, au XVIIe siècle, des hommes habiles, de grands talents, mais qui ne parvinrent pas à mettre la sculpture au niveau de la peinture de leur temps ; un seul homme, P. Puget, fait exception, mais il ne fit ni ne pouvait faire école, car malgré l'originalité de son génie, il n'était lui-même qu'un des membres de la mauvaise famille des Bernin et des Algarde. Au XVIIIe siècle, Bonchardon, Pigalle et Falconnet sont nos premiers maîtres. La sculpture s'efface de plus en plus et disparaît de partout. Une sorte de seconde renaissance parut se manifester à l'époque de David et de Canova. En conseillant de retremper le goût dans les sources antiques, ces maîtres prêchaient une bonne morale ; mais, comme tous les prédicateurs, ils obtinrent plus de belles résolutions et de bons sentiments que de bonnes œuvres. Depuis, la sculpture vécut uniquement, chez nous, de ces réminiscences de l'antique, interprété par David et par Canova. Aujourd'hui on est moins exclusif ; on s'adresse à tous les saints ; on consulte simultanément la Grèce, Rome, Florence, le moyen-âge, la renaissance et même la nature. Mais tout cela ne sort guère des ateliers. Le public est, parfaitement indifférent au résultat de ces élaborations ; il accepte tout cri sculpture parce qu'il n'y regarde pas, et il ne regarde pas parce qu'il ne sent pas, parce qu'il ne comprend pas. C'est un art trop abstrait pour lui. Et ce public-là, qui n'aime ni ne comprend la sculpture, n'est pas seulement celui qu'on appelle, suivant le besoin, la foule ou le peuple, c'est aussi celui qui s'est donné le privilège d'entrer sans l'autre au Louvre le samedi.

Dans ces fâcheuses conditions, il est naturel que la statuaire ne sorte pas de son état languissant et n'apporte au Louvre que ce que nous y voyons depuis tant d'années et ce que nous allons y voir.

En l'absence de M. Pradier, le petit coin de l'escalier paraît désert ; c'est comme un sanctuaire privé de sa divinité. L'*Olympia*, de M. Etex, ne saurait remplacer, sous aucun rapport, une bacchante ou une odalisque. Qu'est-ce qu'Olympia ? C'est une héroïne de l'Arioste, une répétition de Didon, d'Ariane, de Calypso ; abandonnée par son amant Birene, elle se désole et s'écrie :

O perfido Bireno !
Chi mi dà ajuto ! oimè ! chi mi consola ?

Chacun entend cet italien. La figure de M. Etex exprime-t-elle tout cela ? Nullement. Ceci, n'est pas un blâme pour l'artiste ; la sculpture n'est pas une langue assez riche et assez claire pour exprimer tant de choses à la fois. L'expression des passions lui est à peu près interdite. Elle ne peut la mettre que sur le visage ; mais on a fait assez d'inutiles efforts en ce genre pour apprendre à y renoncer. Nous ne voyons donc dans cette figure qu'une jeune femme nue, couchée et à demi soulevée sur un de ses bras, la tête tournée vers le ciel, et dont le visage exprime une émotion pénible indéterminée. L'intérêt dramatique étant mis de côté, il ne reste à considérer dans cette statue que les formes, le mouvement, le style, et l'exécution qui comprend tout cela. Sous ces rapports essentiels, la figure de M. Etex laisse beaucoup à désirer. Elle manque de la souplesse de la vie ; tout y est tendu, roide, inflexible ; c'est la froideur et la dureté de la pierre. Le corps ne pèse pas sur le bras qui est censé le porter, il est comme soulevé de toutes pièces par une force extérieure. La tête est d'un type mesquin plutôt que délicat et d'un style vulgaire. Avec ces défauts que nous préférerions ne pas voir, nous remarquerions plus volontiers la finesse d'exécution de chaque partie en détail, des extrémités surtout qui sont étudiées et rendues avec un- soin extrême. Nous féliciterions enfui M. Etex d'avoir cette fois franchement traité la sculpture en sculpteur, ce qui ne lui était pas peut-être encore arrivé, quoiqu'il en ait déjà fait beaucoup.

Le bas-relief (la *Judith*) de Mlle de Fauveau est pour beaucoup de gens une énigme. C'est là, à coup sûr, une sculpture tout-à-fait imprévue. Cependant il suffit de savoir d'où elle vient pour en connaître le secret. C'est tout simplement un pastiche très chargé de la sculpture florentine du temps de Donatello, et de Donatello lui-même. A la manière dont tout est brisé, disloqué, contourné, tortillé dans ce singulier morceau, on croirait plutôt voir du bois que du marbre. Le corps et les jambes de Judith, contre la coutume, ne vont pas de compagnie ; la moitié supérieure de son corps va à gauche, et l'inférieure à droite. C'est l'exagération du maniérisme florentin qui n'atteint souvent la force et l'élégance qu'à l'aide des disproportions. Il y a pourtant au fond de tout cela quelque chose qui frappe, saisit et attache. Le mouvement en avant de la figure est bien senti ; l'action de la main qui relève le manteau pour découvrir la tête d'Holopherne que la main gauche va planter sur un croc, est assez fièrement exprimée. On peut trouver sur le visage immobile de Judith la sombre exaltation de son sanglant triomphe. La tête d'Holopherne est une tête coupée ; elle est véritablement morte. Un talent capable de mettre tout cela dans un marbre, n'avait, ce semble, pas besoin de poursuivre ainsi à toute outrance une originalité d'emprunt, au risque de n'arriver qu'à des singularités puériles et baroques. Comment concilier ce sentiment réel de l'art avec de telles aberrations du goût, tant de facultés et tant de faiblesses ? *Modò vir, modò femina.*

Grace au livret, nous savons que la statue en marbre de M. Desbœufs, tout près d'Olympia, doit s'appeler *l'Histoire*. Cette figure est insignifiante de dessin et de caractère, d'une exécution pénible et molle. Le ciseau de cet artiste a fait mieux.

A côté de cette triste muse se trouve une fort aimable figure de jeune fille couchée, ou plutôt assise, et que M. Droz, son auteur, a jugé à propos d'appeler *le Lierre*. Il y a en effet une branche de lierre à côté ; mais le nom n'y fait rien. Cette figure a de la grâce ; sa pose est heureuse, et présente de tous côtés un aspect satisfaisant ; le modelé a de- la finesse et de la solidité ; la tête exprime une gaieté mêlée de quelque malice. Nous voudrions que ce morceau fait un début pour en féliciter l'artiste. L'*Amour coupant ses ailes* de M. Bonassieux ferait un très joli pendant à ce *Lierre*. Le sentiment en est naïf et rendu avec beaucoup de charme. Cette figure est un envoi de Rome et fait honneur à l'académie, qui devrait bien prendre l'habitude d'en envoyer souvent de pareilles.

La *Vierge* (statue colossale) de M. Lescorné est d'une imposante disposition de lignes ; la draperie est grandement jetée et se développe en belles masses sur les côtés et sur la poitrine. La pression des deux bras, croisés dans l'attitude de l'adoration, se fait bien sentir. La tête nous satisferait moins que le reste. Cette figure, destinée probablement à une niche, aura à sa place un bel aspect monumental.

M. Jacquot a répété le motif de la *Surprise*, qui l'a été déjà si souvent depuis la *Vénus* de Cléomènes jusqu'à celle de Canova. C'est en effet, un joli thème de pose et d'expression. M. Jacquot l'a développé avec art. Le mouvement de sa figure est juste ; il y a de l'agrément dans la pose. Nulles qualités supérieures d'ailleurs ; les mains croisées sur la poitrine sont effilées à l'excès. Ce n'est plus là de la délicatesse, c'est de la maigreur. La *Nymphe endormie* de M. Klagmann est une étude de la nature choisie avec intelligence et imitée avec goût. Les : contours en sont harmonieux ; le modelé est traité avec soin, sans pédantisme. La *Nymphe caressant un Amour*, de M. Molchneth, mérite des observations analogues. Cet artiste caresse bien son marbre, et peut-être trop, car le moelleux de son ciseau va quelquefois jusqu'à l'afféterie. La figure du beau bâtard Dunois, par M. Duret, est d'un jet qui ne manque, ni de fierté ni de tournure ; mais il faut espérer que, dans la traduction définitive en marbre de son plâtre, l'artiste mettra plus de fini dans son exécution.

La figure assise de M. Husson, *Jeune Napolitaine apprenant la prière à son enfant*, semble dérobée à quelque peinture de Pompeï ; sa pose et son mouvement sont tout-à-fait grecs. C'est une donnée heureuse.

M. Ramus s'est souvenu de Donatello en modelant son petit *Saint Jean-Baptiste*, mais ce n'est qu'un souvenir, et non un emprunt. Cette figure est d'une exécution délicate et d'un goût piquant. M. J. Debay a traité le même sujet. Sa figure est faiblement conçue, négligemment étudiée, d'un caractère banal, et au-dessous du talent de cet artiste recommandable.

Dans la statue en marbre de Laurent de Jussieu, par M. Legendre Heral, nous ne trouvons que de la grosse pratique. Tout est exécuté de la même manière. C'est ce qu'on appelle en peinture du *poncif*. Si la statue assise et grande comme nature de la reine, par M. Cumberworth, était réduite aux proportions d'une figurine d'un pied de hauteur, on pourrait louer le travail adroit et minutieux des détails du costume et des accessoires.

M. Gayrard a donné un essai intéressant de sculpture sur bois dans un grand bas-relief. représentant *Saint Germain qui prophétise les destinées de sainte Geneviève*. La sculpture sur bois, s'il faut en juger par ce spécimen, n'est pas d'un bon effet quand elle est neuve. Il faut que le vernis du temps passe dessus pour lui ôter un certain ton de menuiserie qui n'est pas agréable. Il nous semble aussi que l'emploi du bois doit entraîner quelques modifications dans la manière d'exécuter les nus, les draperies, et dans la combinaison des lignes et des plans. M. Gayrard a composé et exécuté son bas-relief absolument comme s'il l'avait taillé dans la pierre. Nous soumettons cette observation à l'artiste. Il jugera si elle est fondée.

La *Chasse au sanglier*, groupe en terre cuite de grandeur naturelle, de M. Rouillard, ne manque ni de mouvement, ni de vérité ; mais ces animaux pèchent du côté du style. Ils ne sont ni assez idéalisés, ni assez nature. Nous soupçonnerions volontiers M. Rouillard d'avoir trop regardé les tableaux d'animaux de quelques peintres français. Ses chiens nous paraissent de la famille de ceux d'Oudry et de Desportes. Le poil du chien renversé est absolument semblable à celui du sanglier ; la robe naturelle de ces animaux diffère assez cependant pour qu'il soit difficile de les confondre.

On nous dispensera de décrire les portraits de ronde-bosse ou de bas-relief ; il y a plus de cinquante bustes-portraits ou médaillons, c'est-à-dire plus du tiers de la totalité des morceaux de sculpture exposés. Nous citerons seulement les noms de MM. Lescorné, Dantan, Elschoet, Etex, Ilusson, Lanno, Petitot, Ottin.

Nous ne quitterons pas le Louvre sans saluer en passant la statue *colossale de Henri IV* ; de M. Raggi, d'un marbre éblouissant de blancheur, et radieusement exposée au milieu de la cour. Les lignes générales en sont froides, et la figure est plutôt longue que grande. Il y a de belles parties de détail. Le monceau d'attributs empruntés aux trois règnes de la nature, placé derrière la jambe gauche, était peut-être nécessaire comme point d'appui, mais il embarrasse la figure et détruit soir effet de plusieurs côtés.

La sculpture n'a, comme on voit, rien exécuté de bien remarquable pour le salon. Plus encore que la peinture, cet art a besoin d'une destination monumentale. Les édifices publics de Paris récemment achevés ou en voie d'exécution offrent aussi en sculpture, comme en peinture, une exposition bien plus riche et bien plus significative que celle du Louvre. Nous indiquons cette circonstance afin qu'on ne prenne pas le salon pour la mesure absolue de l'art en France, ce qui conduirait à l'estimer au-dessous de ce qu'il est. Nous pensons qu'une excursion hors du Louvre amènerait des conclusions moins défavorables ; mais une excursion de ce genre nous ferait sortir des limites de notre sujet.

ISBN : 978-1984255006